泰山文化导读

主　编：崔耕虎　张吉良

副主编：曾晓东　赵京岚　侯加阳

山东人民出版社·济南

国家一级出版社 全国百佳图书出版单位

图书在版编目（CIP）数据

泰山文化导读 / 崔耕虎，张吉良主编；曾晓东，
赵京岚，侯加阳副主编． —— 济南：山东人民出版社，
2024.7． —— ISBN 978-7-209-15189-4

Ⅰ．K928.3

中国国家版本馆 CIP 数据核字第 202473R9J3 号

责任编辑：张卫玲
摄　　影：王德全

泰山文化导读

TAISHAN WENHUA DAODU

主　编　崔耕虎　张吉良
副主编　曾晓东　赵京岚　侯加阳

主管单位　山东出版传媒股份有限公司
出版发行　山东人民出版社
出 版 人　胡长青
社　　址　济南市市中区舜耕路517号
邮　　编　250003
电　　话　总编室（0531）82098914
　　　　　市场部（0531）82098027
网　　址　http://www.sd-book.com.cn
印　　装　济南新先锋彩印有限公司
经　　销　新华书店

规　　格　16 开（185mm×260mm）
印　　张　14.5
字　　数　210 千字
版　　次　2024 年 7 月第 1 版
印　　次　2024 年 7 月第 1 次
ISBN 978-7-209-15189-4
定　　价　59.80 元
如有印装质量问题，请与出版社总编室联系调换。

编 委 会

主　编　崔耕虎　张吉良

副主编　曾晓东　赵京岚　侯加阳

编　委　（以姓氏笔画为序）

　　　　王凤兰　刘明敏　刘莉莉　李　伟　李　倩

　　　　迟庆红　张　群　张智杰　贾鲁音

岱宗夫如何？齐鲁青未了。
造化钟神秀，阴阳割昏晓。
荡胸生层云，决眦入归鸟。
会当凌绝顶，一览众山小。
——［唐］杜甫《望岳》

序言

有着"五岳独尊"美誉的泰山，不仅以其壮丽的自然风光著称于世，而且蕴含着丰厚的历史文化内涵。泰山文化是中华文化的重要组成部分，承载了中华民族积极向上、刚健自强、包容和谐等民族精神，因此，泰山被看作是中华民族的象征。

作为坐落在泰山脚下的一所高校，泰山职业技术学院不断深化对"培养什么人、怎样培养人、为谁培养人"这一根本问题的认识，始终坚持立德树人根本任务，以培根铸魂为核心，以培养具有自强不息、担当进取、脚踏实地等"泰山精神"的"泰山人"为目标，充分利用泰山这一得天独厚的文化资源，立体化推进文化育人工程。自2011年重建泰山书院以来，泰山职业技术学院相继出版了《泰山百景诗书画印作品集》《泰汶谣》等泰山文化方面的专著和教材，组建了"泰山雅乐团"社团，开展美育实践教学，在实施以文化人、以文育人，打造泰山特色高水平高职院校方面取得了显著成效。

崔耕虎等同志编写的《泰山文化导读》是学院在传承创新泰山文化方面的又一重要成果。通读全书，我认为本书有以下几个鲜明特色：

第一，突出的创新性。这是一本与众不同的书，它不同于以往关于泰山文化方面的书籍，打破了传统教材的编写模式和叙述风格，真正体现了以学生为中心的教育理念。极富诗意而个性化的标题，生动形象且具有浓郁文化气息的叙述风格，使读者在"悦"读中了解泰山历史与文化，深刻感受中华精神。例如，"会说话的石头""你就是山""行走的脊梁""到底谁是第一""奔跑的泰山"等标题，仅看标题就足以让人想一睹为快。与专业学术研究不同，书中没有枯燥的知识，也没有烦琐的考证，而是穿插了不少神话故事、典故与图片，可谓图文并茂，以一种全新的视角和学生喜闻乐见的方式呈现出不一样的泰山，符合青年人的

阅读喜好，也将会极大调动学生的阅读兴趣。本书将泰山博大精深的文化、故事、风景与人生哲理融为一体，字里行间表达出很多不同于前人的感悟，给人以启迪，让泰山更加可亲，在亲近之余又能引发思考，从而提升学生的思想品质和道德品格，如春风化雨润物无声。

第二，科学的严谨性。泰山历史悠久，泰山文化博大精深，内涵丰富，选择哪些内容，如何组织架构才能形成一个较为完整而严密的体系，这些问题如果处理不好，就很容易造成逻辑混乱。纵观全书，编者没有面面俱到，而是按照立德育人需要，删繁就简，选取了自然、历史、名人、文化、教育、民俗、风物、精神与发展等八个方面，比较全面而完整地展示了泰山历史文化的发展脉络。全书结构完整、自成体系，遵循了青年学生的认知规律和学习规律。

第三，鲜明的时代性。一部人类文化发展的历史就是不断创新的历史，对泰山文化进行创造性转化和创新性发展，是新时代赋予我们的神圣使命。本书不仅以全新的视角对传统泰山文化予以阐释，还展示了新时代泰山发展的新姿态、新面貌。"泰山+"、数智化文旅、沉浸式体验等文旅融合模式，使古老的泰山焕发出强大的生机与青春活力。她正以奔跑的姿态热情拥抱世界，亲近时代，展现出无穷的魅力。

整体说来，《泰山文化导读》一书如同一名优秀的导游，引领我们逐步深入泰山的每一个角落，从"脉动泰山"到"人与山的对望"，从"泰山文脉"到"岩岩风骨"，从"风物泰山"到"一座山的奔跑"，每一章都是对泰山的一次全新解读，每一次翻页都是对泰山的一次深刻感悟。在阅读中，我们能够触摸泰山历史的沧桑，感受泰山文化的厚重，领略一个伟大民族的不屈精神。

弘扬泰山文化任重而道远，立德树人也非一日之功，本书的出版，我们只是在探索文化育人路上迈出的一小步。希望编者继续深入研究文化育人新思路、新途径，也希望本书在使用过程中能够产生积极效果，增强师生文化认同和文化自觉，讲好泰山故事，培养更多具有泰山精神的"泰山人"，为区域经济和社会发展提供源源不断的生力军。

是为序。

2024 年 8 月

/ 目 录 /

第一章

脉动泰山

　　在一望无际的华北平原东部，巍然矗立着一座记录着地球近 30 亿年演化历史的大山，她东临烟波浩渺的大海，西望中华民族母亲河黄河，南朝孔孟故里曲阜，北倚泉城济南。大自然的鬼斧神工造就了它独特的地质风貌，磅礴的气势和雄奇壮丽的自然风光令人惊叹。在她生长的地质年轮里，我们可以窥见其昂扬向上、蓬勃不息的生命脉动。她以积蓄了几十亿年的力量发育万物，滋养着华夏儿女，成为推动中华民族生生不息、绵延不绝的不竭动力。

　　天地之设，巍巍大哉！她就是泰山。

巍巍泰山天下雄

第一节
天地造化

一、沧海桑田

泰山，古称岱，又名岱山、岱岳、泰岳，因在五岳之中位居东部，又名东岳，有"五岳之首""天下第一山"之称。泰山以拔地通天之姿、攀天揽月之势屹立在齐鲁大地之上，主峰玉皇顶海拔 1532.7 米，山脉东西绵亘约 200 千米。

泰山与周围平原、丘陵相对高差达 1300 米，因形成强烈的视觉对比而显得雄浑壮丽。基础宽大、形体集中，产生安稳感与厚重感，"稳如泰山""重于泰山"等成语自古以来对人们的文化心理产生了重要影响。

汉武帝登封泰山，惊叹不已："高矣、极矣、大矣、特矣、壮矣、赫矣、骇矣、惑矣。"意思就是："这么高啊，这么大啊，这么奇特啊，这么壮丽啊，这么显赫啊，真让人震惊，令人困惑不解！"可见泰山对汉武帝有着怎样的冲击和震撼。

关于泰山的由来，民间还流传着这样的传说：盘古开天辟地倒地死后，其头颅化为泰山，四肢化为其他四岳，泰山为群山之尊，于是泰山就理所当然成了"五岳之首"。这当然是古人奇特的想象。可是谁能想到，这气势雄伟的泰山在几十亿年前还是一片汪洋大海，曾经是海洋生物的天堂。

在泰山脚下的汶河岸边，曾发现大量的三叶虫化石。经过大自然的沧桑巨变，这些三叶虫的遗体形成化石后，形状姿态像飞翔的燕子，所以，当地人将这种石头称为"燕子石"，学名三叶虫化石。而这种三叶虫是生活在 6 亿年前海洋中的古生物。

大地有情浑然事，曾经沧海变高山。

泰山的形成经历了一个漫长又复杂的演化过程，其升降起伏历经了若干轮回。距今约 26 亿年前，泰山经历了一次强烈的造山运动，巨大的岩石开始隆起抬升，伴随着山呼海啸，巨大的沉降带和海槽从海底隆起为古陆，这是古泰山第一次露出海面。

然后，经过近20亿年的风化剥蚀，屹立在海平面上的古泰山地势渐趋平缓，到距今6亿年前左右的早古生代，华北地带平稳下沉，古泰山又渐渐沉没于大海中。

直到距今1亿年左右，由于"燕山运动"（又称老阿尔卑斯阶段），受南部断裂影响，泰山又开始抬升；到3000万年前左右，断裂继续，受各种外力作用，泰山再一次跃出海面，形成今日泰山的基本轮廓。从此，巍峨雄壮的泰山就以它拔地通天、影照东海的雄姿屹立在欧亚大陆的东方。

泰山极顶上那块刻着"五岳独尊"标志性石刻的巨石，经地质学家测定，已有25.6亿年，记载了泰山的沧海桑田之变。

泰山总体地势北高南低，西高东低，并且有泰前断裂、中天门断裂和南天门断裂三个断裂带，由此形成了泰山南坡陡峻高拔的三大台阶式的地貌。这三大台阶的高差对比非常强烈，中天门比泰安市区要高出700米，玉皇顶又比中天门高出700米，中天门与南天门以上切割深度近500米，深谷陡壁，危岩千仞，直冲霄汉。著名的泰山十八盘、云步桥飞瀑、黑龙潭等都是由于断裂造成巨大落差而形成的。

泰山是一座天然的地质博物馆，它保留了泰山运动的地质遗迹，记录着原始地壳运动的准确信息，为人类探索地球的"地质年代"奥秘提供了大量的一手资料。2006年9月，泰山被联合国教科文组织批准为"世界地质公园"。

泰山世界地质公园石碑（编者供图）

泰山十八盘

二、地质艺术

亿万年的地质演化形成了泰山独特的地质地貌，不禁让人惊叹自然造化的鬼斧神工。彩石溪、醉心石、仙人桥、拱北石、扇子崖等，就是泰山造山运动为人类留下的地质艺术。

（一）彩石溪

彩石溪位于泰山西麓，以一条带状彩石令人惊叹，是大自然近30亿年制造的奇观，为整个泰山地质历史演化的缩影。这些或平行或交错的黑、黄、灰、白的斑斓岩石，美轮美奂，溪流波光潋滟，如神笔画卷，承载了泰山最初的彩色记忆。

泰山地学景观·彩石银流

（二）醉心石

在泰山红门的东北沟涧内，有一条黑绿色的辉绿玢岩岩脉，同位素年龄为12亿年。从横断面上来看，醉心石岩石结构主要由一个内核及外部同心圆圆环所组成，看起来像堆放的油桶，因此也称"桶状构造"。相传孔子曾在此饮酒赏景，被奇石和美酒所陶醉，故将之命名为"醉心石"。

泰山地学景观·醉心石

（三）仙人桥

仙人桥位于泰山瞻鲁台西侧，两崖对峙，下为深涧，上有三块巨石悬空累叠，连通深涧，其状如桥，"仙人桥"由此而来。寓意凡人难过，唯神仙可行。

仙人桥形势险要，神韵天成，形成"深涧绝壁悬仙桥"。明代萧协中有诗云："三石两崖断若连，空濛似结翠微烟。猿探雁过应回步，始信危桥只渡仙。"该地质遗迹是由于外力风化剥蚀和重力崩塌共同作用而形成的奇异景观。

泰山地学景观·仙人飞渡

（四）拱北石

在岱顶日观峰东面，有一巨石颇像一把带鞘的利剑斜刺苍天，名曰拱北石，语出《论语》，"为政以德，譬如北辰，居其所而众星拱之"。其指向近乎正北，北偏西仅仅 8°，与地面夹角为 30°，其北、东两侧下面为悬崖峭壁，愈显神奇险峻。这块岩石是在长期的风化剥蚀过程中，受节理发育和重力影响而被折断。石居极顶，有伸臂探海之状，民间又名"探海石"。

泰山地学景观·拱北石

（五）斩云剑

在云步桥南侧，有一奇特的板状长形岩石——斩云剑。其成因是长期受到风化剥蚀的影响，板状岩块逐渐失去了原来的棱角，形成了类似剑状的奇石。

为何称之为斩云剑呢？这是由泰山的特殊地貌及气象变化而引起的一种云雨变幻的自然现象。它位于海拔 1000 米的位置，每逢雨季，周围山谷中常常是乌云密布，山下云雾沿谷而上，山上云雾则顺谷而下，在此相遇后乌云翻滚。这块岩石像一把利剑将乌云斩作两段，其下常有雨，其上多云雾，因此被诗意称为"斩云剑"。

泰山地学景观·斩云剑

（六）扇子崖

扇子崖位于泰山西溪西侧，岩体形成于 25 亿年前。它先与其东侧的狮子峰、西侧的傲徕峰是一个整体，后来被两条北西向断裂错切，分割成三个山峰，在重力作用下，不断发生坍塌，久而久之逐渐形成目前犹如半壁残垣、状如扇形的扇子崖。清代诗人孙宝僮在《扇子崖》中写道："剑峰怒刺天，积铁拔千仞。"

扇子崖极险峻，赤眉军曾在此设瞭望哨，至今遗存尚在。更有学者提出，它是《西游记》中芭蕉扇的原型，平添了几分神秘色彩。

泰山地学景观·扇子崖

三、泰山奇观

"旭日东升""云海玉盘""晚霞夕照""黄河金带"被称为泰山四大奇观,享誉海内外。除了这"四大奇观"外,雾凇奇观、后石坞"十里画廊"等也是大自然为人类奉献的杰作,是泰山审美的典型。

(一)旭日东升

旭日东升是泰山最壮美的奇观之一,李白将其赞誉为"平明登日观,举手开云关。精神四飞扬,如出天地间"(唐·李白《游泰山六首·其三》)。千百年来,登泰山观日出,成为世人的泰山情结。为了看到这个地球上极为壮丽的景象,人们必须在拂晓前登上山顶。那些夜爬泰山的人,一般都是为了目睹那激动人心的一刻。

太阳最能给人以希望和美好的憧憬。如果能够在泰山极顶的日观峰观看日出,

目睹一轮红日在朝霞中若隐若现，最终跃出云层，顷刻间光芒四射，群山尽染，那是一种无法言说的美好体验和感受。泰山观日出有着非凡的意义，是其他山川所无法比拟的。

当然，观看泰山日出要把握好时间，只有在天高气爽的暮秋和云气较少的严冬，喷薄而出的红日才肯展现它激动人心的一刻。

（二）云海玉盘

云海玉盘是泰山闻名于世的第二大奇观。夏季雨后初晴，大量的水汽悬浮在空中，如果在没有风的白天，在山顶上就可以看到白云平铺万里，像一个巨大的盘子悬浮在天地之间。远处的群山被云雾吞没，只露出几座山头，微风吹来，云海浮动，山峰若隐若现，犹如仙境。

泰山奇观·旭日东升·云海玉盘

（三）晚霞夕照

傍晚时分，泰山之巅一抹晚霞红艳似火。漫步极顶，举目西望，朵朵残云如峰似峦，一道道金光穿云破雾，直泻人间，正所谓"谁持彩笔染长空，几处深黄几处红！"

泰山晚霞的出现与季节、气象条件关系密切。秋季天高气爽，风和日丽，阴雨日数少，更易出现晚霞。大雨过后也是欣赏晚霞的绝佳时段，残云萦绕，新霁无尘，可尽情饱览群山。

泰山奇观·晚霞夕照（摄于月观峰）

（四）黄河金带

夕阳西下，在泰山西北边，层层峰峦的尽头，可看到一条状似黄河的金色飘带，"黄河从西来，窈窕入远山"（唐·李白《游泰山·其三》），这就是被誉为"黄河金带"的泰山四大奇观之一。

它是泰山奇观中较少观赏到的佳景，以秋季为宜，一般出现在下午或傍晚。它受泰山与黄河的地理位置、太阳方位角和天气条件的共同制约。只有雨过天晴或冷空气过后的第二天，天气晴朗、能见度极好，才可看到这一盛景。

（五）泰山雾凇

雾凇也是泰山特有的自然风光。雾凇，俗称树挂，它非冰非雪，是低温时空气中水汽直接凝华，或过冷雾滴直接冻结在物体上的乳白色冰晶沉积物。冰雕玉砌、晶莹闪烁的雾凇缀满枝头，一树树、一丛丛，随风摇曳，蔚为壮观。

"夜看雾，晨看挂，待到近午赏落花。"每年冬季，泰山都会出现几次雾凇景象。雾凇的形成需要低气温且水汽又很充分的矛盾条件，能同时具备这两个条件极为难得。

泰山奇观·雾凇（摄于南天门）

泰山奇观·姊妹松

（六）十里画廊

从泰山天烛峰景区到山顶的后石坞，是泰山最早的登山路线之一，也是自然景观更集中、更优美的一条路线。王安石在《游褒禅山记》中说："夫夷以近，则游者众；险以远，则至者少。而世之奇伟、瑰怪，非常之观，常在于险远。"后石坞当属"世之奇伟、瑰怪，非常之观"了。

天烛峰路线有古松园、洗鹤泉、三叠瀑、天烛峰、姊妹松、丈人峰、元君庙等景点。这里山峰险峻，山谷幽深，奇松怪石遍布，山泉、溪流、瀑布随处可见，充满了自然的原生野趣，被誉为泰山的"十里画廊"。游人置身其中，如在画中，如梦似幻，令人陶醉。

十里画廊又被称为秦御道。《史记·秦始皇本纪》记载，秦始皇公元前219年东封泰山时，便于此登山，"上泰山，立石，封，祠祀"。

泰山姊妹松位于泰山后石坞青云庵西北角的半山崖上，郁郁葱葱，枝繁叶茂，距今已有600多年的历史。在2020年版第五套人民币5元纸币背面就可以看到"五岳独尊"石和姊妹松那亭亭玉立、风姿绰约的倩影。

（七）绿野仙踪

漫步在泰山东御道，这里草木繁茂，一片生机勃勃。天蓝山青、植被葱郁，可尽享大自然原生态野趣与静谧，感受远古密语。这是汉武帝刘彻当年骑马登山的线路。他曾八次到泰山封禅，当年在汉明堂行完封土之礼后，沿此路上行。"东为首，气东升"寓意紫气东来、国泰民安、国家昌盛，这条路也因沾染了帝王之气，被誉为东御道。近几年全新开发了这条文化旅游线路，沿途有未央湖、启天门、东天门、中天门等景点。这条路线郁郁葱葱，曲径通幽，犹如"童话森林"，被誉为"绿野仙踪"。

泰山奇观·绿野仙踪（图片源自网络）

亿万年的地质演化造就了泰山独特的地形地貌，给人类留下许多珍贵的地质遗迹景观，也形成了罕见的自然盛景。千百年来，泰山不断地被人们开发、点染，具有极高的地学价值和美学价值。

第二节
河山元脉

来到泰山，当你看到扎根岩缝中的苍松翠柏、湍急而下的瀑布，呼吸着清新的空气时，会感受到一种积极昂扬的生命律动。泰山集天地神秀之气化育万物，不仅是万物生灵之"元脉"，也是民族精神之"元脉"，是中华文明生生不息、蓬勃发展的元点。

一、万物并育

根据五行学说理论，泰山五行属木，四季属春，位于华夏大地东方，古人认为这里是最早看到太阳升起的地方，因而被视为紫气之源、吉祥之所，是孕育万物的肇始之地，所以泰山就有了主"生"之说。西汉刘向在其《五经通义》中也认为，岱为东方万物之始、交代之处。也就是说，岱含有起始、交代、交替的意思，东方是万物的本源起始之处。因此，自人类与泰山相伴共生以来，泰山就具有了发育万物的含义。

水为生命之源，水泽万物而生长。泰山山泉密布，河溪纵横，水资源极其丰富。泰山河溪以玉皇顶为分水岭。北有玉符河、大沙河注入黄河；东面的石汶河、冯家庄河，南面的梳洗河、西溪，西面的泮汶河，均注入大汶河。泰山泉水汇入河流，灌溉了良田，养育了生民。

早在远古时期，泰山周边便已山水相连，四季分明，沉积岩不断地风化剥落，黄河在这里入海，人们"填海造地"，肥沃的土地滋养着万物生长，也使这里圣贤辈出、文明相续，成为中华古代文明的中心之一。

由于泰山地形高峻，河水短小流急，易形成瀑布。著名的黑龙潭瀑布、三潭迭瀑和云步桥瀑布是受泰山造山运动影响，产生较大落差而形成的。传说黑龙潭与东海相通，有龙自由来去，故名黑龙潭。由于东北有东百丈崖、西边有西百丈崖、西南有南百丈崖，每逢大雨过后，这三道瀑布同时奔泻而下，犹如玉龙飞舞，因此被称为"云龙三现"。

"发育万物　峻极于天"石刻

泰山奇观·黑龙潭瀑布

从岱顶至山麓，泰山上有名的泉水有 70 多处，著名的如王母泉、月亮泉、玉液泉、龙泉、黄花泉、玉女池等。泰山泉水甘冽，无色透明，含人体所需多种微量元素，系优质矿泉水。泰山水尤其受到泰安市民的喜爱，每日上山打水已经成为泰安的一道独特的风景线。

有了水就会有生命。巍峨雄奇的泰山，自然景观雄浑峻秀，森林覆盖率达95.8%、植被覆盖率达 97%，"造化钟神秀，阴阳割昏晓"（唐·杜甫《望岳》）是一座巨大的生态屏障和重要的种质资源库。

泰山上的古树名木众多，种类丰富，保留至今的超过了 2 万株，比如云步桥北侧的五大夫松、普照寺的六朝松、斗母宫的卧龙槐、后石坞的姊妹松、玉泉寺的一亩松……这里的每一棵古树都是一个活的文物，它们拥有完备的档案资料，承载着一个个生动的故事。

构成泰山"四季长青"自然景观的主要树种是松树，面积约 9.2 万亩，占泰山森林总面积的 52.6%。丰富的植被不但让泰山生机盎然，同时这道天然的绿色宝库还是动物觅食和栖息的好去处。据统计，泰山迄今发现野生鸟类已达 373 种，远超 1995 年的 148 种。野生鸟类种群变化是衡量生态环境健康的晴雨表，泰山已然成为这些动物栖息的幸福乐园。

"千山闻鸟语　万壑走松风"石刻

对松山一带盘道边的石壁上，有一竖向石刻，为"千山闻鸟语　万壑走松风"，其意为在此处可听到满山的鸟啼声，感觉到风在松树中吹过。鸟语清脆，松风阵阵，这是何等的惬意与享受！诗句不仅赞美了泰山风景，更是泰山良好生态环境的生动写照。

二、天人合一

"天人合一"是中国传统文化中的一种重要哲学思想，也是一种思维方式和价值观。"天"即自然，"天人合一"是指人与自然在本质上是相同的，人应该顺应自然规律，相互协调，达到人与自然的和谐共生。"天人合一"对中国文化和社会生活产生了深远影响，而泰山则完美体现了这一思想，是自然与人文融为一体的典范。

联合国教科文组织世界遗产委员会对泰山的"天人合一"思想做出了中肯的评价："庄严神圣的泰山，两千年来一直是帝王朝拜的对象，其山中的人文杰作与自然景观完美和谐地融合在一起。泰山一直是中国艺术家和学者的精神源泉，是古代中国文明和信仰的象征。"

联合国教科文组织世界遗产委员会专家卢卡斯先生在考察泰山后，也高度评价：世界遗产具有不同的特色，要么是自然的，要么就是文化的，很少有双重价值的遗产在同一个保护区内，而泰山便是具有双重价值的遗产。

正因如此，1987年，泰山被联合国教科文组织批准列为中国第一个世界文化与自然双重遗产。同时，也是世界首例双重遗产，改写了世界遗产的分类，为世界遗产开创了综合遗产的先例。

自然为文化之源，泰山本身是一座自然实体之山，而泰山又不仅仅是一座自然之山，它还是一座神圣之山、文化之山和精神之山。在其漫长的历史发展过程中，这里有帝王封禅，名士慕游，宗教繁衍，万民祈福……泰山上下留下的踪迹，或诗文，或碑刻，或遗迹，或传说，成为泰山的一部分，达到了人与自然的和谐。

泰山石刻是泰山文化的重要组成部分。从泰山山麓到岱顶，蜿蜒20华里的山路、台阶两侧，由秦至清的历代石刻、石碑达2000余处，金石纪铭，与古为徒。

这些碑刻或见景生情，或抒怀题咏，或托物咏志，或题景留名，或赞泰山拔地通天之雄，或颂幽奥旖旎之秀，都能巧妙地把古今过客当时心境与自然之景完美地融入石刻艺术，因而成为联结游人与自然山水的纽带。

孔子登临处石坊两侧的"第一山"与"登高必自"碑（编者供图）

一入泰山，过了"一天门"石坊便预示着这是登天梯的第一步了。第二座石坊便是"孔子登临处"，前面的"登高必自"碑与"第一山"碑分列于道路两旁。著名学者庞朴先生曾说："（此碑）昭示游人应有脚踏实地、循序渐进、埋头苦干、胸怀大志的精神。它可以算是泰山这本人文教科书的第一课，也是中华精神的主旋律。"

再继续前行，从小碑林到万仙楼的路上，在路西侧的石崖上镌刻"勇登仙境"，表达勇敢向前攀登之情。

经过经石峪到达回马岭，就到了壶天阁，壶天阁的海拔为800米，大约是泰山高度的一半。其大殿两侧有"登此山一半已是壶天，造极顶千重尚多福地"楹联。它让人觉醒，振作精神，脚步不辍，提醒人们，前面有的是好景致，只有到达极顶才能"一览众山小"。

而到了十八盘，此处为泰山"紧十八盘"中最为艰难的一段，大多数爬山的人至此已筋疲力尽，步步吃紧，双腿发颤。一方看似平凡的刻石

"登此山一半已是壶天"石刻
（编者供图）

"努力登高"矗立盘道东侧石壁上，该题词是在鼓励人们要勇于登攀，坚持到底，努力奋斗到达极顶。语句浅显易懂，立意却很亲切，让人倍受鼓舞。

"努力登高"石刻

当拖着灌满铅的双腿终于登上泰山极顶时，极目四望，蓝天触手可及，云海在脚下翻滚，胜利的喜悦油然而生。此时，回味"登高壮观天地间""拔地通天""置身霄汉""擎天捧日""仰观俯察""登峰造极""雄峙天东""五岳独尊""昂头天外"等众多石刻，那种"山登绝顶我为峰"的自豪之感不觉充溢于胸间。此时此刻，物境与心境高度契合，人与自然完美地融入一体。

"登山则情满于山，观海则意溢于海。"在中国人的眼里，清风明月、山川河流、梅兰竹菊等都不是纯粹自然之景，总是与人的心绪情怀、理想抱负紧密相关。泰山上的一景一物无不烙上人的印迹，它们是中华文明自强不息的精神，是愈挫愈勇的坚强意志，是人们对国泰民安的美好愿望与追求。"见山是山，见山又不是山"，山与人是一体的，难分彼此。山（自然）即人，人即山（自然），人与自然浑然天成，天人完美合一。如此，攀登泰山，并不是单纯地欣赏美景，而是在与历史对话、与自然对话、与自我对话，更是一场精神和心灵的洗礼，一次生命与文化的超越。

何以泰山？巍巍岱宗，养育黎元。国之魂魄，民之肝胆。泰山脉动启迪了人们的生命觉醒，孕育了中华民族自强不息的精神，激励着我们永远奔跑向前。

化生万物，国泰民安，这就是泰山！

第二章

图腾与封禅

　　"岱宗，乃宗岳也。山莫大于之，史莫古于之。"大约25亿年前，这里还是一片汪洋大海。沧海桑田，几度沉浮，3000万年前一次剧烈的地壳变动，一座雄伟的大山——泰山跃出海面，巍然矗立于中国东方。之后，她孤独地默默感受着一次次的日出日落，静待万物灵长的人类出现在她的身边。终于，她迎来了大汶口人，也迎来了中华文明的曙光。

巍巍泰山·岱顶夕照

　　她，巍然矗立，不仅成为历代帝王尊崇备至、亲临膜拜的神山圣域，更承载着无数布衣百姓纯真质朴、绵延不绝的深情厚谊。她，宛若一座横跨时空的宏伟桥梁，一端连接着辉煌灿烂的过往，另一端则引领着生生不息的未来，见证并参与了中华文明史上一个又一个令人叹为观止的奇迹。作为中华民族精神图腾的具象体现，她不仅是历史文化的缩影，更是亿万中华儿女心灵深处那份不屈不挠、历久弥新的文化认同与精神寄托。

第一节
原始图腾

巍巍泰山讲述着古老的文明，见证了大汶口文明的诞生，承载着一个民族的信仰。三皇五帝的遥远故事从这里生动开始，东夷先民的人间烟火在这里袅袅升腾，生生不息。

一、泰山崇拜

自古以来，拔地通天的泰山就是中华先民心中的神山，是上古先民的原始图腾。但是巍巍中华，山岳众多，为何只有泰山成为上古先民崇拜的"神山"呢？

泰山地理位置独特，它高居华北平原东部，周围多丘陵和低山，向东南约200公里则是烟波浩渺的大海。方圆数千里内，泰山是万里原野上的"东天一柱"，其巨大的体量和雄浑的气势令人震撼。所以，以"雄峙天东"形容泰山，绝非溢美之词。

泰山能为原始人类提供庇护。远古时期，泰山山前汶河平原是历史上著名的齐鲁必争的"汶阳田"。这里"生五谷桑麻，鱼盐出焉"，动植物资源丰富多样，可渔猎，可耕种，可放牧。所以，泰山以"润养万物"的丰功伟绩得到东夷先民发自肺腑的"爱"和"敬"。而当黄河、汶河流域发生大水时先民又可借泰山躲避水灾，泰山是他们生命、种族、生活的依托和摇篮。

《春秋公羊传·僖公三十一年》载："山川有能润于百里者，天子秩而祭之。触石而出，肤寸而合，不崇朝而遍雨乎天下者，唯泰山尔。"这无疑是泰山崇拜的另一绝佳注脚。

泰山气候垂直变化明显，山上多云雨而山下少雨，因而被古人认为是"出云导雨"的神山。雨泽天下、润于百里是泰山的巨大恩赐，更是先民对泰山神灵的希冀和祈求。也许，对泰山无私馈赠的感恩比之对泰山自然力的惊惧迷惑，更能反映出古人对泰山的由衷崇拜之情。

万物皆有灵，"山林川谷丘陵，能出云，为风雨，见怪物，皆曰神"（《礼记·祭法》）。在社会生产力低下的原始社会，先民感叹泰山的壮观，同时又深感敬畏，于是泰山便成了心目中的神圣之山，进而把泰山作为原始图腾加以崇祀。

二、神秘陶符

一次次的考古发掘，让一个个掩于地下的史前文物重见天日，我们既可借此还原祖先的历史，追寻民族的根脉、探索文化的源头，又能够破译许多原始图腾崇拜的神秘符号。

在海岱地区，以泰山为轴心的新石器时代文化遗迹多达几百处，这些文化遗址形成了完整谱系的五个发展阶段：后李文化（泰山北麓）——北辛文化（泰山南麓）——大汶口文化（泰山南麓）——龙山文化（泰山北麓）——岳石文化（泰山周边）。其中尤以大汶口文化规模最大，遗存最为丰富，因而最具代表性。这里，发掘文物众多，出土的各种化石、骨头、玉石、土陶器皿等都是破译中华民族历史的密钥。泰山图腾崇拜的源代码也可以从大汶口文化遗存中得以解密。

从考古发掘看，早在大汶口文化时期先民已产生了对"天神""太阳"的崇拜。太阳不但高悬于天让人无力能及，还能普照万物、孕育生命，在情绪上赋予人们欢乐，亦有指引方向的作用。因而太阳崇拜，是当时"天神"崇拜的主要表现形式。而巍峨的泰山在先民心中就是一个可以与天神对话的理想载体，所以泰山崇拜不仅是大山崇拜，还集太阳崇拜、天神崇拜等多种自然崇拜于一体。

大汶口先民对大山、太阳等表达崇拜的方式，就是把它们刻画在陶器上。大汶口出土的大量陶器上多刻画着太阳纹、鸟形纹，其中的密钥当属那个刻在陶樽上的神秘陶符。这个陶符可能是"日""月""山"合体，可能是"日""鸟""山"合体，也可能是"日""火""山"合体，还可能是"日""云""山"合体。无论哪种观点，这似文字又似图形的神秘陶符，反映的是先民的自然崇拜意识，因为这几种事物无一不与先民的繁衍生存息息相关。

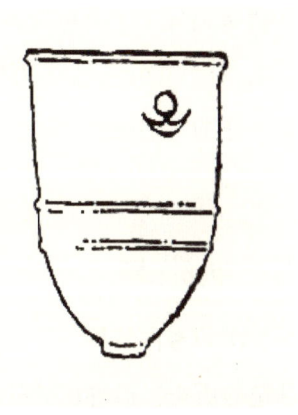

大汶口陶尊符号

其中，山的形象在陶符中被刻画的最大，这应该是先民在表达整体自然崇拜意识，同时又刻意凸显了对"山"的个体崇拜。因为，在先民的认知里，只有山与天上的日月、云雨最接近，只有山林才是鸟的乐园，也是人类生活的乐土。而这个山应是指泰山，因为泰山在大汶口文化圈内，是最高且居于中心的第一高山。

大汶口文化八角星纹彩陶豆　　　　　　　　大汶口文化红陶鬶
（山东博物馆藏）　　　　　　　　　　　　（青岛市博物馆藏）

大汶口遗存中，除了这个让人迷惑的陶樽外，比较典型的还有刻着太阳八角星纹饰的陶器，也有直接以鸟为形的立鸟型陶瓶。这对于把神秘陶符解读为原始自然崇拜观念的体现，无疑是有佐证意义的。细究来看，刻着神秘陶符的陶樽，并非如太阳角星纹陶器那样，明显是人类世俗生活所必需的较为实用的容器。但陶樽的形状更加特别，其下端尖如陀螺，实用性几乎为零，这极可能是上古先民表达自然崇拜，祭祀自然神灵的祭器。

泰山崇拜源于先民对自然力量的崇拜，于是，后世坚如磐石的泰山信仰就从这里发端。春秋、战国之际，泰山崇拜就由先人无知的天真进入哲人的睿智深思。随着生产力和认知水平的提高，泰山崇拜的内容越来越复杂，逐渐融入了政治功利性和社会性，具体表现为泰山祭祀礼仪的规范化、泰山神灵人格化等。伴随封建帝王封禅祭祀的历史，泰山逐渐走进每一个华夏子孙心中，变得越来越丰富、越来越厚重，终成为中华圣山。

两千多年来，泰山始终雄踞中华众山排行榜榜首，中华民族对泰山的崇拜深入骨髓、化于基因。泰山，从纯粹的原始自然图腾，融入多元的审美和崇拜，使历史的节点性发展与民众的人格构建相连接，终成为中华民族重要的精神图腾和文化符号之一。

第二节
千年封禅

世界上从没有一座大山，像泰山那样吸引着古代帝王的目光，接受过那么多帝王的拜祀。

今天，当你行走在泰山崎岖的山道上，当你流连于泰山各色景观前，当你漫步在泰山苍茫的山顶上，你脚下的每一步，也许都会与某个帝王的脚印重叠。昔日帝王们在这里巡狩、祭祀、封禅时的壮观场面，形成一幕幕生动的历史影像，正向你徐徐打开。

一、封禅滥觞

泰山成为先民的原始自然图腾，除了敬畏感恩的淳朴理念，还伴随着先民对自然天地之神的自然崇拜意识。

在上古先民心中，天地孕育了包含人在内的世间万物，自然值得敬奉。《易

岱顶的秦刻石碑

经·说卦传》中写道，"乾，天也，故称乎父；坤，地也，故称乎母"，天地是万
物之父母。人类的生死轮回，皆由天地神灵主宰。而泰山以其得天独厚的地理优
势，成为先民与天神的最好媒介之一，被公认为与天地对话的圣地。

　　封禅的源头是远祖及东夷人对自然山川的原始崇拜活动和敬天仪式。殷墟出
土的卜辞中就有东夷人泰山崇拜的记录。东夷先民们围绕着泰山所进行的精神文
化活动由来已久，上古就有"舜作陶""伯益作井""蚩尤作兵"等传说。《黄帝
问玄女战法》讲黄帝与蚩尤争霸天下，黄帝九战九不胜，然后回到泰山休整，结
果得到了西王母派来的九天玄女兵法的指点，最终在泰山附近打败蚩尤。

　　据《尚书·舜典》载："岁二月，东巡狩，至于岱宗，柴。望秩于山川，肆
觐东后。协时月正日，同律度量衡，修五礼、五玉、三帛、二生、一死贽。"

　　这里面的"柴""望""巡狩"正是原始自然崇拜活动与封禅的渊源联系。
"柴""望"是帝王的祭祀形式。"望"指帝王不亲至，通过远望的方式对山川进
行遥祭；"柴"特指燔柴祭祀天地，在人们认为最高的泰山上点燃大堆的柴火。熊
熊烈火燃起后，滚滚浓烟直通青天，这时祭祀的人就匍匐在地上进行虔诚的祈祷，

泰山极顶——玉皇顶

自己的心愿与祷告随着向上的青烟就可以到达天庭。

舜帝借"柴祭"与上天沟通，告诉天帝，他将替天行道，愿天帝保佑他的臣民风调雨顺，五谷丰登。同时，帝舜在此"肆觐东后"，实际就是召开部落联盟会议，讨论统一时间、度量衡、文化礼制等事关天下发展治理的问题。

巡狩是上古军事民主制时期，部落联盟首领对各地的武装巡视活动，是威服四方、巩固联盟的主要方式。古代君王每四、五年到泰山巡狩一次，借巡游狩猎之形，行政治视察之实。因此，封禅在初始时期就与巡狩活动有着紧密的联系。其原型就是君王巡狩四方、诸侯会盟时祭祀天地山川的仪式。传说，当黄帝成为天下共主之时，曾会鬼神于泰山，实则是会"诸侯"于泰山，黄帝"驾象车而六蛟龙""虎狼在前，鬼神在后，腾蛇伏地，凤凰覆上"，前呼后拥好不气派。

远古时代，祭祀仪式是团结人民，进行重大社会活动的重要纽带，这种社会现象叫作"神道设教"，就是利用自然现象或社会现象的"神化"来教化大众，维持社会稳定，即"圣人以神道设教，而天下服矣"（《周易·观卦·象传》）。

封禅就是神道设教的典型。统治者利用舆论和这种对天地、人神沟通的方式，祈求天命，借天地的神威，达到掌控天下、安定民心，巩固王权的目的。

据记载，"封禅说"诞生于西周。处于齐、鲁两个东方大国边界的泰山一直受到尊崇。

位于泰山之阳的鲁国，因为先天的地缘优势，视泰山为"独尊"。《公羊传》记载，泰山位居鲁国"三望"（岱望、河望、海望）之首，足以说明泰山崇拜在鲁国居于非同寻常的地位。

位于泰山之阴的齐国，对泰山的神化更是功不可没。齐建国之前，齐地有八种神祇的祭祀仪式，其中位居第二的就是在梁父山（又名映佛山，位于山东泰安徂徕山南麓）祭祀地神，说明齐国先祖早就把泰山看作大地的象征。在齐人看来，泰山神就是掌管人生死寿夭的司命大神，因此祭祀泰山神的仪式也非常隆重。

齐建国后对泰山的崇拜，无论官方还是民间更是有增无减。伴随齐国争霸天下的野心愈发膨胀，企图为齐王称霸正名的不乏其人。学术风气自由的齐国，大肆进行舆论造势。稷下学派代表人物邹衍适时推出"五德终始"的受命改制学说，与之相关的"封禅说"也开始在齐地诞生传播。

"封禅说"首次明确地赋予封禅礼仪区别于原始自然崇拜的政治意义。从封禅成为定制的那一天起，它就不再单纯是帝王对天或山的自然崇拜，而是借机实现他们各式各样的政治企图。

唐代张守节给《史记·封禅书》作注："此泰山上筑土为坛以祭天，报天之功，故曰封。此泰山下小山上除地，报地之功，故曰禅。言禅者，神之也。"

古人认为，"天以高为尊，地以厚为德"，而"天高不可及于泰山"。于是，凡是所谓"受命于天"的帝王，为答谢天帝的受命之恩，便到泰山积土为坛，意为增泰山之高祭祀天

古登封台遗址（编者供图）

神，以报答上苍庇佑天下的功绩，对天恩浩荡表示感恩；到泰山附近的梁父、社首等小山丘上堆积泥土，来增加地的广厚以祭祀地神，报答厚土的功绩，酬谢大地之神对万物苍生的恩赐。

可封禅是要讲究天时地利人和的，条件相当苛刻。封禅的硬性条件是"易姓而王"江山一统，或者是"应天改制，天下太平"。即一般是开国皇帝才可以封禅，即使不是开国之君，也要文治武功全伟，创造太平盛世。

按照中国文化的天人观，这世间太平盛世之象必有"天象""符兆"显现，这便是封禅必需的"祥瑞"。按《中庸》的说法就是"国家将兴，必有祯祥"。被看作祥瑞的天兆，有"一禾数穗""海晏河清"之类，亦有宝物出土，异兽出没、五星聚会之类，五花八门。

除此之外，还得看皇帝的"人缘""德行"。封禅不能皇帝自己主动要求，显得太不谦虚，所以必须得靠臣子们主动为皇帝做说客，一请再请方可。

据史载，齐桓公称霸中原后自以为有资格封禅泰山了，却因为丞相管仲的极力反对而夭折。管仲先是说："大王您应该知道，只有受命于天的有德之君才能行封禅典礼。"结果齐桓公怒而以自己"九合诸侯，一匡天下"、功超三代加以反驳。管仲只好用上古圣王封禅泰山时必有各种祥瑞出现这一理由来阻止，如东海出现比目鱼，西海出现比翼鸟等，并说如今凤凰麒麟不来，而蓬蒿野草长得比谷物还茂盛，鸱鸮（猫头鹰）也频频出现，这都是不祥之兆，此时封禅实在是有违天意，时机不妙，齐桓公只好作罢。

总之，封禅就是祭祀天地之礼。但与其他山川祭祀不同，封禅意味着帝王"奉天承运"进一步夯实其拥有天下四方治理的大权，是受天命治天下合法性的象征仪式，也是帝王大秀个人功绩的舞台，是仁君圣王身份的认可，更是国泰民安的象征。

《史记·司马相如列传》中写道："皇皇哉斯事！天下之壮举，王者之丕业"。封禅是融政治与信仰为一体的国家祭祀大典。其礼制在朝代更迭中不断完善和调整，历朝历代在细节上虽略有不同，但其隆重程度则一脉相承。

每一次封禅都是兴师动众的事情。从大臣请封到下诏允封，就要准备行程路线与车驾仪仗，确定封禅陪封观礼人资格，准备封禅行宫等，有些封禅礼仪的细节直到泰山脚下了还在修正。

正式行封禅礼之前，帝王不但要斋戒沐浴，以保身心俱洁，还要行"柴""望"之礼以表对天地的恭敬与虔诚，最终才行封禅。封禅时，以先帝配祭天帝，以太后配

祭地祇，完成"三献"之礼。初献由皇帝完成，亚献由王公大臣完成，终献则由文武百官完成。

封禅之礼中重要而又神秘的仪式是玉牒石检，又称玉函石检、玉册石检。帝王封禅时以天子身份面对天地神祇的祈祷内容，需郑重虔敬地刻在玉片上，即称玉牒。升坛祭天时由皇帝亲自读出玉牒文，然后把玉牒放入石匣之中，此石匣被称为石检。外面用金丝或银丝包缠固定，涂抹泥灰油脂之类密封，加盖皇帝玉玺后埋藏在祭坛附近。因此，真正能见之于世的封禅玉册极其稀有。

2000年，也就是在唐玄宗、宋真宗玉册在泰山出土69年之后，陕西西安汉长安城皇宫遗址中又出土一方青石质地、通体磨光的玉碟残片。玉碟虽仅存29个篆文，但可以清晰地看到"封坛泰山，新室昌"几个字。从玉碟铭文"新室"两个字可以断定，这方玉碟应该是王莽所建的新朝政权为封禅泰山而制。玉碟之所以在西安出土，也许是王莽封禅泰山的计划夭折了。

封禅乃旷世大典，要立碑刻石以铭记必不可少。有的玉牒文的祷词可能有帝王的个人私愿秘请，所以不便公开。石碑就成为帝王的功勋章，碑文则完全是帝王的政治宣言，当然要公告天下，全民皆知。

二、帝王封禅

从三皇五帝到商汤、周成王等72帝王封禅，毕竟附会传说成分多，实难有迹可循。真正有史可循、有物可证的封禅从始皇帝嬴政开始。自此之后的两千余年中，亲临泰山封禅、朝拜的帝王共有15位。正式举行封禅大典的有秦始皇、汉武帝、东汉光武帝、唐高宗、唐玄宗、宋真宗6位，其中，汉武帝八次亲祀泰山。其余9位到泰山祭祀的，分别是秦二世、东汉章帝和安帝、曹魏文帝、北魏太武帝、隋文帝、宋太祖、清圣祖（康熙）、清高宗（乾隆）。其中，康熙3次祭祀泰山，乾隆10次。

（一）秦始皇嬴政封禅

自从秦始皇嬴政建立了中国第一个统一王朝，六国反抗势力就成为他的心头大患。如何平复民怨、稳固新政，迫在眉睫。统一文字、度量衡等政策固然有效，但还不能从思想真正实现统一。必须让所有臣民认可他的统一大业，是"受天命"顺势而为的结果。

于是，嬴政以"东南有天子气"为由，仿效上古帝王巡狩制度，一边频繁东巡视察，以震慑天下，一边寻找提供"天意"的契机。终于，他从齐地的"封禅说"和阴阳五行文化里看到了希望。

"封禅说"中帝王受天命、夺天下的思想，以及按照五行理论秦代周而应为水德的观念，无一不表明秦国是天下一统的"天选之子"，秦始皇武力统一六国是天命。既是天命，就该封禅告天，以谢天意。而且泰山是东夷人的神山，备受东方诸国的信奉，选择泰山封禅既能彰显皇帝对东方文化的认可与尊重，也能让不服从秦统治的东夷人在心理上接受他。

公元前 219 年，始皇帝带领三万人的封禅队伍，从陕西咸阳出发，浩浩荡荡，一路东行，历时三个月来到泰山举行封禅礼仪。据《史记·秦始皇本纪》记载：

> 二十八年，始皇东行郡县……乃遂上泰山，立石，封，祠祀。下，风雨暴至，休于树下，因封其树为五大夫。禅梁父。刻所立石。

秦始皇泰山封禅的礼制，《史记·封禅书》记载得更为详细：

五大夫松牌坊

> 即帝位三年，东巡郡县……而遂除车道，上自泰山阳至巅，立石
> （即秦李斯刻石）颂秦始皇帝德，明其得封也。从阴道下，禅于梁父。
> 其礼颇采太祝（主管祭祀的官）之祀雍（秦都雍城）上帝（天帝）所用，
> 而封藏皆祕之，世不得而记也。

在封禅资格上，始皇帝是有些心虚的。于天下人而言，他为了秦朝的统一大业穷兵黩武，施行酷刑，杀人无数，实在德行有亏。所以，他召集齐鲁儒生70多人，商议封禅大典的具体仪式。通过这个方式，希望儒生们崇拜他，这样既能解决封禅资格问题，还能为他提供一个高规格的封禅礼仪方案，风光无限地让天帝和子民都接受他这个"千古一帝"。

只可惜，这些儒生不谙圣意，有的儒生告诉秦始皇，要用蒲草将车轮子包起来，以免损伤山上的一草一木，并且应扫地而祭。这个建议与秦始皇利用封禅展示其"席卷天下，包举宇内"的期望值相差很远。秦始皇斥退儒生，派兵卒凿山开道，从泰山南面登上顶峰，与亲信完成了在天帝面前的"就职"典礼，还在山顶立了一块大石碑。

民间有这样一个传说：秦始皇封禅这天，正值初夏。去时艳阳高照，礼成下山却突遇狂风暴雨。泰山山路崎岖，始皇帝再没有了封禅礼成的喜悦，只剩下对山神发怒的惊惧和求生的本能。就在他慌不择路时，一棵大松树出现在眼前，枝叶繁茂，风雨不透。正是天无绝人之路，身体不适、哮喘有所发作的秦始皇，靠在松树下闭目休息，梦见神仙脚踏祥云而来，并送他一支松枝灵药治病。秦始皇从梦中惊醒，顿觉神清气爽，不适一扫而光。

风停云歇，雨过天晴。欣赏着美丽的彩虹，呼吸着清新湿润的空气，秦始皇龙颜大悦。他望着那棵大松树，感到冥冥之中是上天护佑了自己。为嘉奖这棵松树遮雨护驾之功，当即下旨封它"五大夫"爵位，五大夫松由此而来。"五大夫"本是秦代官阶第九品，当时被封的松树只有一株，并非五棵松树。

秦始皇封禅，开创了有正史记载的帝王封禅泰山的先河，泰山从此与国家政权紧密相连，成为政权的象征，是名副其实的政治山。

（二）汉武帝刘彻封禅

雄才大略的汉武帝刘彻（前156年—前87年），公元前140年即位，是西汉的第七位皇帝。从元封元年（前110年）至征和四年（前89年）21年间八次巡幸、封禅泰山，创帝王封禅次数之最，让泰山封禅真正成为国家祭祀大典。

汉武帝虽非开国之君，但在位期间（前 140 年—前 87 年），他驱匈奴，通西域，结好西南，威震边陲，功盖西汉开国之君。汉武帝封禅泰山，确有功绩可告上苍。汉武帝八度亲临泰山举行封禅大典，自古都长安（今西安）至泰山，路途遥远，每一次的封禅之旅都无疑是一场漫长而庄严的朝圣之旅，非比寻常。

汉武帝登封泰山的目的与秦始皇基本无二，向天地表功的同时，祈求天帝庇佑大汉江山永固，同样还夹杂着个人求长生的私愿[1]。所以，他屡封泰山，不但在高可及天的泰山建造"望仙台"，还建了"万仙楼"。第四次封禅时（前 102 年）他还专门铸造一口大鼎用于祭天，"登于泰山，万寿无疆，四海宁谧，神鼎传芳"的鼎文昭示着他祈求长生、国祚永继的愿望。

还有一种说法，汉武帝封禅泰山不仅是出于对个人功绩的炫耀和对长生不老的追求，也是对匈奴等外族的一种威慑手段，通过展示武力和政治成就来巩固自己的统治和国家的安全。

汉武帝初次封禅，便带着 18 万大军巡游北部边境。在岱顶礼成时，他手中牵的不是皇太子，而是大将霍去病之子霍嬗。要知道，霍去病在西域可是有"封狼居胥[2]"之功的。封禅泰山，绝对是以实力对匈奴进行政治和军事上的双重威慑。据说，汉武帝率军回程走到边境时，对匈奴喊话：你若能战，就赶紧来战，如若不能，就老老实实投降。大可不必跑到漠北那么荒凉的地方去。结果，匈奴不敢应战，他就班师回朝去了。

汉武帝的封禅"攻略"比秦始皇更加完备。他先是研究大文豪司马相如的《封禅文》[3]，接下来又听取方士们讲述关于黄帝"且战且学仙"的祭祀经验，当然也让一众大臣和儒生反复研讨，考证古制、演练仪式，在泰山建造官邸、修筑明堂，可谓兴师动众。

---

[1] 西汉初期是"尤敬鬼神之祀"的时代，作为封建帝王，汉武帝也难逃历史文化的裹挟和左右，他迷信谶纬之学，重用方士。方士李少君用"却老""益寿""不死"等说辞进前游说，直达圣心。公元前 110 年首次封禅时，汉武帝已经 46 岁，渴望长生不老的他被迷惑也就可以理解了。

[2] 封狼居胥，最早出自汉·司马迁《史记·卫将军骠骑列传》。封：筑坛祭天。狼居胥：山名。汉将霍去病打败匈奴后登上狼居胥山筑坛祭天以告成功。后比喻建立显赫功勋。

[3] 《封禅文》是西汉文学家司马相如的遗作散文。该文叙述了古代传说中七十二位国君封禅泰山；而汉王朝文治武功，显赫一时，四境归顺，祥瑞屡现，雄才大略可与历代君王媲美。这篇文章在司马相如死后被交给汉武帝，并对其日后的多次的封禅活动产生重要影响。

汉武帝多次登封，给泰山留下 3 处著名的遗迹：汉明堂、汉柏和无字碑。

汉明堂

岱庙古汉柏

岱顶无字碑

汉明堂遗址在今泰安东北约 15 公里处，如今原建筑已荡然无存，现存建筑为后人仿建。据传，黄帝时泰山脚下已有明堂，但四面无壁，仅用茅草遮顶，极为简陋，入口在西南，称"昆仑楼"。汉武帝来泰山之际，昆仑楼等建筑已经不见踪迹，济南人公玉带投皇帝所好，献上所谓"黄帝明堂图"。刘彻深信黄帝封禅后成仙而去的传说，便以此图作为仿造依据，另外择址，在泰安东南的奉高重建明堂。

汉武帝大兴土木，把明堂精心打造成一座规模巨大、象征皇权的皇家殿堂，行使颁布政令、召见大臣和祭祀神祇祖先的功能。

此后，每逢封禅，汉武帝在明堂祭拜诸神列祖后再登山祭祀。行封禅礼时，山上举火，山下遥相呼应，景象蔚为壮观。封禅大典后，汉武帝在此休息，会见群臣。因此，明堂也是他登封泰山时的临时行宫。

封禅刻石记功是否始于秦始皇不得而知，但通过这种方式，希望把功绩镌刻在象征永恒的泰山石上，让自己流芳万古的心理是一定的。但据说汉武帝却在泰山上立了一块"无字碑"言其功德，虽经百代雨露而不生苔藓，日光一照，熠熠发光，隐现几字，远视则有，近看则无，确实非同一般，颇为后人思量。

至于他在岱庙种的那些汉柏，大概并非为了美化岱庙所栽，而是为求仙而种，因为柏树在古人眼里是具有神秘力量的。其中一棵因为同根同生双干连理，被称作"连理柏"。老干突兀遒劲、气势铮铮，新枝则葱郁喜人。"连理柏"不远处还有一株汉柏，生机勃勃，苍翠欲滴，但其树干下方有明显疤痕，传说是汉末赤眉军起义时留下的斧砍痕迹，所以此柏也称"赤眉斧痕"。

汉武帝八至泰山，让封禅成为象征皇权的制度。初封泰山，他就在《泰山刻石文中》明确宣扬儒家礼义仁孝观念，确认儒家独尊的正统地位，并以其密集的封禅活动，进一步夯实了泰山作为国家民族象征的重要地位，让泰山成为一座真正意义上的政治山。

（三）汉光武帝刘秀封禅

汉光武帝刘秀（前6年—57年），东汉开国皇帝，汉高祖九世孙。他从王莽手中夺回了汉朝江山，终结了自新莽以来的20多年间的纷争和分裂，建立东汉政权，并创造出"光武盛世"。他认为自己可以与汉武帝并列，所以也选择举行封禅大典以示庆祝。

东汉建武三十年（公元54年），张纯等大臣奏请汉光武帝封禅，但他以自己无德而不许。建武三十二年（56年）正月，光武帝宣称夜读《河昌会符图》，见有"赤刘之九，会命岱宗"之句，认为这是天意指示他举行封禅，于是下诏东封泰山。正月，光武帝率群臣从雒阳（今河南洛阳）出发，二月至于泰山下，光武帝先在山下焚柴祭天，接着乘御辇至山顶，设坛行封礼，瘗玉检文。礼毕，群臣山称万岁。下山又行禅于岱麓梁父山。封禅礼仪之后，光武帝命于泰山刻立碑石，叙述了自己"至于岱宗，柴望秩山川"的封禅盛况，并夸耀其开创光复汉室、重现太平之功业。

（四）唐高宗李治封禅

汉光武帝之后，中国历史进入近500年烽火连天的大动荡时期，登封泰山已然成为乱世之中的"奢侈品"。帝王到了泰山却不行封禅大礼，大概是认为未达到"天时、地利、人和"的条件。泰山在被帝王冷遇几百年后，终于再次迎来了"天下大治"的时期。因为大唐王朝三位帝后的封禅活动，沉寂已久的泰山又热闹了起来。

665年，唐高宗李治封禅泰山。这次封禅的最大亮点之一是唐高宗带皇后武则天参与封禅，并由她主持祭祀地祇的亚献礼①，成就"二圣同封"，堪称"前无古人，后无来者"的一大创举。

---

① 亚献礼是敬天祈福礼仪的一部分，通常出现在祭祀仪式中，作为整个祭祀过程的一部分。它位于初献礼之后，终献礼之前。

帝后双封，给后人留下了著名的双束碑（即鸳鸯碑，现存岱庙东碑廊内）暗喻帝后同治天下。之后，此碑记载了高宗、武周至玄宗，再至德宗七代帝王绵延140年之久的遣使祭祀泰山的事件，具有极高的史料价值。此碑与陕西咸阳乾陵内武皇帝所立的"无字碑"，遥相呼应，共同昭示着一代女皇武则天的皇权之路。

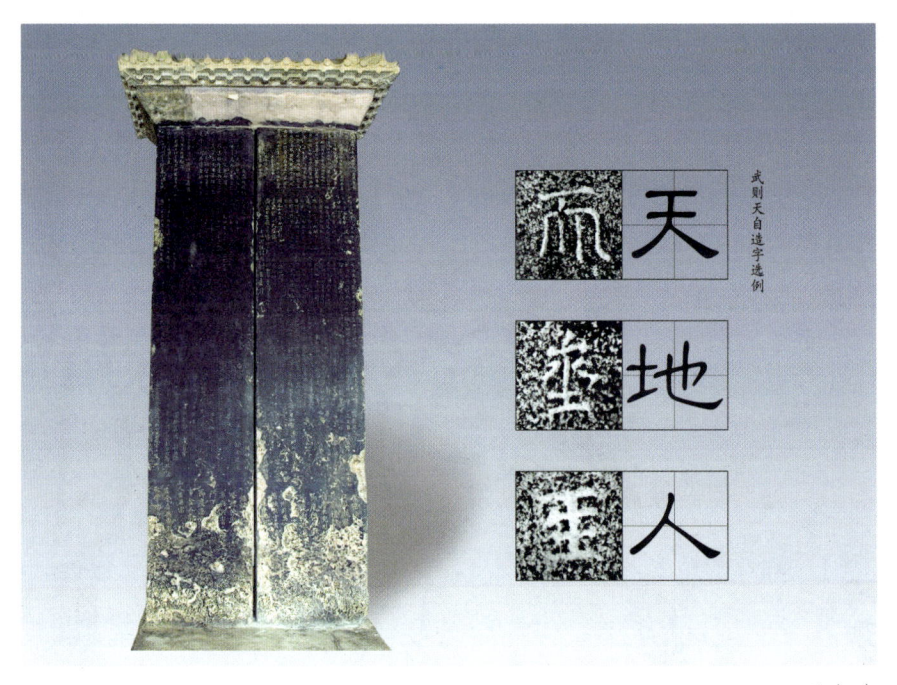

双束碑

（五）唐玄宗李隆基封禅泰山

唐玄宗李隆基（685年—762年）即位初年，励精图治，国力强盛。725年，在开元盛世的高潮中，唐玄宗李隆基让"盛世大唐"这部封禅之作光照千古，也使之成为封禅这部历史大戏的"巅峰之作"，留下的历史故事和文物也比较多。

为了这次封禅，唐玄宗可谓"十年磨一剑"，做足了铺垫。

从开元元年（713年）就有人请封，大臣张说等人先后上书，请求玄宗封禅以告成功。玄宗屡屡用仁德、功绩不够等理由严词拒绝了三次，终是在开元十五年（717年）第四次请封时，玄宗"不得已而从之"。同年，玄宗下诏确定岳渎典礼，开始在五岳四渎进行各种祭祀，并于开元八年（720年）派道士到泰山投龙，建筑道观。至724年，上书请封的诗文折子纷至沓来。至此，封禅前的宣传造势

大观峰唐摩崖石刻,《纪泰山铭》刻于此片石刻的右侧

圆满结束，玄宗欣然下达允封诏书，定于725年十一月十日封禅泰山。

唐玄宗从泰山南边开始攀登，一直到达山顶，他在那里建起了一个高高的祭坛，用来祭祀天上的最高神——昊天上帝[①]。他把写有祭文的玉简埋进土里，还用五种颜色的泥土堆成高高的祭坛，并点燃柴火向天祈福。

第二天，他又去了社首山进行祭祀，这次是为了敬拜大地之神皇地祇。完成这些祭祀大典后，唐玄宗下了一道命令，赦免了全国的罪犯，并且特别将泰山神尊称为"天齐王"。

文化漫游

为了纪念这次盛大的封禅活动，唐玄宗亲自撰写了《纪泰山铭》这篇文章，并在开元十四年（726年）的九月，让人把这篇铭文刻在了泰山顶上大观峰的石壁上。这篇铭文不仅赞美了唐朝历代皇帝的丰功伟绩，还详细描述了封禅泰山的整个过程。在铭文中，"道在观政，名非从欲；铭心绝岩，播告群岳"之语，表达了他的治国理念和心愿。这篇碑文的书法刚劲有力，文辞优美典雅，碑刻体伟幅巨，金光夺目，成为泰山上一处著名的石刻景观。

这幕封禅大典的队伍可谓空前绝后。《资治通鉴·唐纪二十八》记载，"百官、贵戚、四夷酋长从行。每置顿，数十里中人畜被野，有司辇载供具之物，数百里不绝"。随从马匹同样十分壮观，以同一颜色的一千匹马组成方阵，各种不同颜色的方阵浩浩荡荡，"远望之如云锦"（《唐六典》）。这次封禅，不仅是开元盛世的标志，也是各民族大团结和各国和平友好的标志，同样是唐朝政府向全民甚至世界展示大唐荣光的舞台。

---

① 尊号，最早出现于商朝，周朝时正式出现"昊天上帝"的尊称。周围有日月、星辰、风雨、雷电作为使者，五方上帝辅佐。唐代以昊天上帝作为天帝独祀。

关于封禅，唐代帝王不再刻意拘泥祥瑞问题。当玄宗封禅的大队人马浩浩荡荡来到泰山西侧时，突然东北风大作，从中午一直刮到晚上，帐篷被风撕破了，支撑的立柱也被吹折了。众人皆惊恐万状，认为是天神发怒的凶兆。被任命为封禅使的张说却"化凶为吉"，说这一定是东海海神来迎接我们的君王，把一场骤起的风灾变成了迎宾之礼。巧的是，到了泰山脚下时，天气突然又变得风和日丽了。张说以巧舌释天象，把灾异说成祥瑞，虽是搪塞之词，但这样的自信和坦荡，前朝从未有过。

封禅之年的李隆基正当壮年，盛唐一片繁荣景象，既无政权社稷之忧，也无求仙长生的私欲，封禅并无特别的"秘情"。而且举办一场声势浩大的封禅庆典，算是对自己半生功业的一次展示。其《回銮诗》有云，"声名朝万国"，封禅大典，四方诸侯莫不来庆，这不仅是昭示国威，更是为自己歌功颂德。

唐玄宗在玉牒文中公开声明封禅乃"为苍生祈福"，并在《纪泰山铭》中提出了"道在观政，名非从欲"的观点，真正把天下和百姓看作是帝王统治的基石，这是古代帝王认知上的巨大进步，意义非凡。

唐玄宗还开启皇帝封神的先河，封泰山神为"天齐王"，这是泰山祭祀典制的一大变革，把神祇人格化，有助于泰山信仰深入人心。后来他多次派人祭祀泰山、在泰山修筑庙观，大大推动了民间泰山祭祀的兴盛。如泰山盛行的东岳庙会大约就形成于唐末五代。

玄宗的封禅大典，开创了欢天喜地、以庆贺报功为主题的封禅先例。史书记载，夜间所视，封禅所用的灯光从山下一直连缀到山上，如星星般自地面洒向天庭，真成了天上的街市，景象煞是奇异炫丽。

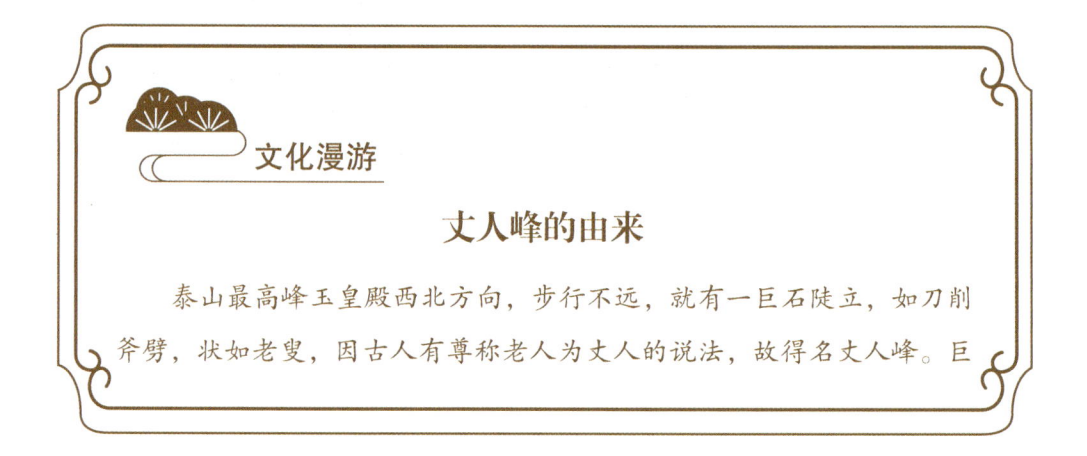

文化漫游

丈人峰的由来

泰山最高峰玉皇殿西北方向，步行不远，就有一巨石陡立，如刀削斧劈，状如老叟，因古人有尊称老人为丈人的说法，故得名丈人峰。巨石旁又有数块俊秀小石，又有"老翁弄孙"之说。

据传，张说身为封禅史，利用职务特权，巧妙地将原本仅为九品微末之职的女婿郑镒纳入封禅大典的随行官员行列。大典圆满后，依例论功行赏，郑镒竟因此殊荣而连跨四级官阶，获赐鲜艳夺目的大红官服，一时风光无限，引人侧目。

此事不胫而走，终至唐明皇耳中，遂召张说问询缘由。面对君王的质疑，张说选择了缄默不语。此时，旁侧有人机智解围，笑言："此乃泰山之神力所赐也。"此言一出，宫廷内外皆以此为趣谈，传为笑柄。

自此以后，那座矗立于祭坛之旁，形若刀削斧劈、宛若老翁端坐的石峰，便被赋予了"丈人峰"之名，而"泰山"一词也悄然间成了岳父的代称。

岱顶丈人峰

（六）宋真宗赵恒封禅

宋真宗赵恒于1008年登封泰山，其规模与热度比肩唐玄宗。不同的是，同样是封禅大戏，宋真宗上演的却是一场欺世盗名的封禅闹剧。

1004年，宋辽一战，宋真宗亲自督战，打了胜仗却签了丧权辱国的"澶渊之盟"。然后又厚着脸皮大张旗鼓地登封泰山，这完全是被"北宋五鬼"（王钦若、丁谓、林特、陈彭年、刘承珪）之一的王钦若给忽悠的。

王钦若是典型的主和派，治国虽无方，捣鬼却有术。澶渊之盟后，他与真宗进行了一次深入的谈话，让真宗相信：澶州之战的胜利是寇准拿皇帝做孤注一掷的豪赌换来的，一旦赌输了，皇帝连命都可能留给契丹人。战争胜利签下澶渊之盟后，荣耀归了寇准，耻辱却留给了皇帝。

于是，真宗逐渐疏远了主战派寇准，直至罢了其相位。然后，王钦若继续忽悠皇帝。他明知真宗患了战争恐惧症，却偏偏建议皇帝派军夺取幽、蓟两州，以洗刷澶渊之辱。皇帝自然不同意，因为其父赵光义与契丹在幽州两战两败的失利阴影还在，他惧怕再次与契丹发生战争，更怕兵久生变，危及皇帝宝座。但契丹的威胁始终存在，奸猾成性的王钦若便趁机贩卖他那一套用封禅"镇服四海，夸示外国"的计谋。皇帝欣然应允。

王钦若"一石二鸟"，既把政敌寇准给赶跑了，还巧妙地把自己求和厌战的责任转嫁到了皇帝头上。

显而易见，借封禅威慑契丹的设想，从根本上就是荒唐的。君臣二人都化身"戏精"，伪造祥瑞、假托天书，开始了封禅闹剧的倾情表演。

王钦若先行到泰山准备封禅事宜，不久就宣称泰山脚下有醴泉（今山东泰安城上河桥西岸、东岳大街的南侧）涌出，泉涌如喷，甘美香甜，后

泰安醴泉旧址（编者供图）

他又在醴泉里偷放甘果及红鱼，谎称这都是是泰山神灵传达的"盛世祥瑞吉兆"，然后急遣快马飞报朝廷，宋真宗见奏后心领神会，立即下诏在此建立"灵液亭"。

君臣二人配合起来默契无比，"天书"降临的戏码开始上演。

王钦若事先在泰山西南松柏林中，埋好提前写就的黄帛一幅，然后故意携众游山，行走之间忽指前方说有红紫云气，还一惊一乍地疾呼：西南正是京师所在，必是皇上灵感与上苍相通。事关皇帝，众人只得敷衍附和。他又故作诚惶诚恐地迎下"天

天书观铁塔（资料图，源自《泰山文物志》）

书"，速报京师。真宗则在京师制造神秘气氛，应和王钦若。自称夜梦与神人相交，将有《大中祥符》三篇天书降临。

于是，围绕天书的迎取与保存，真宗与一群奸臣像模像样地搞君臣庆贺、天地祖宗祭祀，并新设官职"天书仪卫扶持使"，专司天书保管。完全一副丝毫不敢怠慢的姿态，营造出假戏真作的效果，为此还专门改元为大中祥符元年，即 1008 年。

宋真宗还命令在灵液亭北边降天书之地建殿立祠，取名天书观（初名乾元观），并将六月六日"降天书"这一天定为"天贶节"（天贶，即天赐之义），每年举国欢庆。翌年，又在原泰山神殿基础上建"天贶殿"以酬天恩。据说是根据皇家宫殿"九五"之制仿建而成，只是比皇帝的金銮殿矮了三砖而已。天贶殿与北京故宫太和殿、曲阜孔庙大成殿并称"中国古代三大宫殿"，亦称"东方三大殿"。而天书观在历史长河中几经沉浮，最终在 20 世纪 50 年代消亡。如今的天书观遗址已成为一座公园，只有园内一石，上书"天书观遗址"。

宋摩崖石刻

天贶殿

天书事件后，宰相王旦在真宗的授意下率领文武百官、乡绅寿翁乃至僧侣道士，共两万三千多人联名上表请封，以谢天意。随后请封奏折更是纷至沓来，赵恒假意推脱五次后才允封，戏演得愈加逼真。

整个过程，从伪造祥瑞到假托天书，再到全民请封，细节严谨，不露一丝破绽。

封禅前，宋真宗新继帝位，文治武功也许连与唐玄宗一较高下的资格都没有，但他却有巧思，封禅的实力不足那就用细节来凑。

对封禅典礼，宋真宗力求在细节上追求极致与"创新"。从随从的编定、礼仪的安排、祭坛祭物的构筑选择，乃至登山的方式，都精心策划。例如皇帝封禅时的坐垫由黄色改为红色，拜垫则由红色改为紫色。还增设专门的"小驾仪仗"，上山架"人桥"，给卫士配备钉鞋，用于勒停马匹。

最值得一提的是，他不但效仿玄宗公开玉牒文，还新增了一种玉册文。《宋史》记载，宋真宗在泰山上祭天时，用《玉册文》和《玉牒文》，在泰山下社首山祭地时，只用《玉册文》，不用《玉牒文》，一场封禅三篇文章。

宋真宗禅地玉册文（台北故宫博物院藏，此图源自网络）

　　当年玄宗封存在岱顶的封禅玉牒文辗转 200 余年后竟然到了宋真宗手里。唐玄宗刻印玉牒文用的"阶玉"，是一种质地较硬的大理石。真宗大概认为不用真玉对天地不够恭敬，于是从宫中寻找来自于阗国①进奉的玉石。此玉硬度高，刻录文字比较困难，但赵恒还是让匠人花了数月雕刻。

　　不但如此，宋真宗的玉册文完全是玄宗玉牒文的高仿品，在高度复刻其思想的基础上，却用超过一倍的字数彰显大宋威仪，以显示其不比盛唐差。宋真宗把纯玉雕刻的玉册放在玄宗的玉牒之上，一同封埋在了泰山南边的蒿里山下，这就是人们常说的"玉中藏玉"。

　　机缘巧合，唐宋两代玉册在近千年后被军阀盗挖，几经辗转保存在了台湾博物院，向来神秘的封禅玉牒文终于有了实物，泰山封禅史又增新证。

　　宋真宗的封禅虽然始于瞒天过海的骗局，但机缘巧合的是，封禅大典之后，一直攻势强劲的契丹大军竟然停止了南侵的步伐。宋辽保持了较长时间的"和睦相处"态势，让宋真宗认为封禅真的起到了威慑作用。沾沾自喜的皇帝于是在泰山上"大兴土木"，对泰山原有封禅祭祀设施维修加固，并以皇帝敕令方式修建行祠宫观，增建了很多有利于百姓登山进行民间祭祀的设施，还特意在泰山神的封号上做文章，加封泰山神为"仁圣天齐王"，后又改成"天齐仁圣帝"。此后，他还乐此不疲地对泰山其他的人和物进行加封。

　　宋真宗封禅泰山时曾封孔子为"玄圣文宣王"，后又改封"至圣文宣王"，还把道教名山武当山的大神"玄武大帝"改封为"真武大帝"。因为，在封禅后的 1012 年，真宗故伎重演，又跟他的臣子说，他做梦梦见赵家始祖，名赵元朗，又叫赵玄朗，把天书降到自己手里的。于是宋真宗下旨，尊这位虚构的神仙始祖为"圣祖上灵高道九天司命保生天尊上帝"。结果，为了避赵家始祖的名讳，只好把之前带"玄"字的封号改名了。

　　显然，宋真宗的封禅闹剧在自欺欺人、不断"封神"的道路上愈行愈远。大肆借崇道之名，行造假之实。据说，他东封泰山时，在岱顶玉女池中洗手，发现一尊石人浮出水面，原来就是曾经跌落玉女池的玉女石像。于是，宋真宗命人在岱顶建造"昭真祠"供奉玉女，并称其为圣帝之女，封号"天仙玉女碧霞元君"。昭真祠在金代改称昭真观，明代称碧霞灵应宫（后又改称碧霞灵佑宫），清乾隆

---

① 于阗国，位于塔里木盆地南部，古代西域佛教王国。

年间改名为碧霞祠。民间习惯称碧霞元君为"泰山老母"或"泰山娘娘""泰山老奶奶"，她能"庇佑众生，灵应九州"。传说她的姊妹花——眼光奶奶，能让人心明眼亮，并专治眼疾，另一个姊妹花——送子娘娘则能助人生儿育女，繁衍后代。因此，宋以后碧霞元君广受民众尤其是女性民众信奉，到了明朝时期，人们对碧霞元君的崇拜逐步升级，最终超越了东岳大帝成为泰山影响最大的神祇。

宋真宗为封禅做的所有努力，间接地推动了泰山祭祀从皇帝"独享"到民间"共享"的进程。尤其是自1010年宋真宗"从民所欲"，"敕天下建行祠"，允许在泰山之外的汴京（今河南开封）建天齐仁圣帝庙，供百姓祭祀泰山神开始，全国各地开始大肆兴建东岳庙。东岳大帝和碧霞元君的"神性"不断被美化，泰山祭祀也越来越兴盛，并趋于娱乐化、商业化，世俗烟火气越来越浓。

三、封禅余韵

明朝开国皇帝朱元璋出身布衣，认为泰山"其职受命于上天后土，为人君者何敢预焉！"于是御笔一挥，撤掉了历代帝王加封的泰山神封号，改称"东岳泰山之神"，并御制"去封号碑"（现存岱庙），延续上千年的封禅历史戛然而止，泰山封禅终成绝响。不过，帝王对泰山的祭祀活动并未停止。

1407年，明成祖征安南（今越南），遣使祭告泰山。1435年，明英宗即皇帝位，遣使祭告泰山。1470年，天下大旱，明宪宗遣使祭泰山。1507年，明武宗下令在天书观旧址建"碧霞元君殿"，并御制告文，遣官致祭。1511年，水灾，明武宗遣使祭泰山。公元1554年，黄河工程竣工，明世宗遣使谢告泰山……

明"去封号碑"（位于天贶殿前两侧碑台上）

明代帝王虽然不再到泰山封禅，但从皇帝即位到祈求皇嗣，从干旱、地震之灾到黄河治理，无不遣使到泰山告祭。正所谓"朝廷有大典礼，大政务，则遣使

北京天坛（编者供图）

告焉"。据载，仅明朝年间，祭祀泰山多达百次之余。至此，帝王的泰山祭祀已演变为与百姓祈福一般的报告活动。

过去，皇帝要跋山涉水亲临泰山去祭祀，直到明永乐皇帝朱棣迁都北京，建造了气势宏伟的天坛才停止。自此，天坛成为皇家祭祀的新场所。

清朝为巩固统治，秉承汉制，将遣使代祭泰山的制度，以及重大事件必定祭祀泰山的传统传承下来。而且无论遣使代祭、还是亲至泰山，祭祀礼仪多在岱庙完成。

此时，祭天的场所虽已搬到了京城天子脚下，但从皇帝到百姓登岱朝山的传统却有增无减。因为"泰山安则天下安"早已是根深蒂固的信仰，无论有无封号，泰山依旧是国泰民安的象征。

在历代帝王中，乾隆和泰山的联系最为"密切"，态度也是最"潇洒"的。

他初登帝位即下诏禁止征泰山"香税"。后来，他十余次遣使祭岱，十余次亲临泰山祭拜，留下了诸多的诗文、墨宝和碑亭行宫，以及坊间逸事等。泰山虎山之名就是因乾隆围猎射虎而得名，其他如过驾院、起驾店、迎驾庄、安驾庄、卫驾庄等泰安周遭地区的很多地名，也多因其来泰山祭祀的行程得名，不一而足。

乾隆还以向泰山进献鼎、炉、瓶、樽等各种金玉、瓷晶等祭器的方式（乾隆御赐岱庙的沉香木狮子、温凉玉圭、黄釉青花葫芦瓶，被称"泰山三宝"），巧妙地以文化艺术的形式促进民族融合和心理认同。

1771 年，乾隆的母亲孝圣宪皇太后八十大寿。乾隆为表孝心，上泰山祈福，拜谒岱庙时御赐岱庙"温凉玉圭"。此举也是昭示天下，天下百姓一如他的父母，拜祭泰山也是为百姓祈求平安，留下了"封禅事无我，阜安祈为农"的诗句。

"泰山三宝"图（从左到右依次为沉香木狮子、温凉玉圭、黄釉青花葫芦瓶）

有时，乾隆又化身为诗人，来泰山游览抒怀。留下《咏朝阳洞》（此诗刻丁万丈碑）等 80 多篇诗文。有时，他又变身为学者，思考泰山崇拜对国家政治的影响，明确提出：国家祭祀泰山和民众信仰泰山正如天覆地载，都是为了国泰民安。

1790 年 3 月，80 岁高龄的乾隆最后一次登上泰山。随着他蹒跚的脚步，泰山送走了最后一位朝拜它的皇帝。

千年封禅史，安然如泰山。也许，最能体现人们对岱宗崇敬之情的是这两句："峻极於天，赞化体元生万物；帝出乎震，赫声濯灵镇东方。"岱庙坊的对联石刻之语，将东岳泰山高与天齐、始生万物、显赫光大、威灵常在的力量和本源尽显，积淀为书写不绝的民族史诗，并内化为根植万代的心灵之歌。

泰山祭祀，从最初的自然崇拜，变为帝王亲临的封禅大典，逐渐演变成烟火气浓郁的普通祭祀。泰山祭祀，始自百姓又复归百姓。帝王封禅、祭祀泰山，渴求四海宾服、政权永固，百姓祭祀唯愿天下太平、万事顺遂，一个是政治理想，一个是世俗愿景，二者旨归国泰民安、与国咸宁！

第三章

人与山的对望

　　泰山，作为五岳之首，从远古时代起，便被先民们赋予了神秘而浓厚的人文内涵，而这种以原始信仰为特点的人文内涵，又逐渐成为封建社会最高统治者封禅的内在动力。泰山古时被誉为"万物之始，阴阳交代"之处，意即泰山主生万物，既能支配朝代的更替，也能掌控生命的起始。于是，历代帝王或登山封禅，或派员祭祀，祈福长治久安、世代传承；百姓来此朝拜，以求人丁兴旺、家业永昌。

　　泰山不仅仅是一座神山、圣山，更是一座政治文化之山、信仰之山。在此影响之下，历代名人纷至沓来，泰山张开它"不让土壤"的博大胸怀给人以拥抱与启迪，激励着人们

泰山之巅的中国红

不懈奋斗、奋力前行。名人们将凝望与感悟诉诸笔端，留下了无数辉煌灿烂的传世名篇，这些诗文不仅鼓舞了作者自己，也激励着后人，代代相继，形成了独一无二的泰山文化，成为中华民族精神的文化源头。

人与山的对望，既是对这座不朽之山的敬仰与挚爱，也是对中华文化的传承与弘扬，泰山文化成为中华优秀传统文化的重要组成部分。

第一节
寻声而来

两千多年来，有着不同政治、不同文化背景的名人，他们以不同的方式驻足泰山，赋予泰山深厚的人文情怀和文化特色。春秋时的孔子、秦朝的李斯，西汉的司马迁，三国时期的曹操父子，南北朝时期的郦道元，唐代的李白、杜甫，宋代政治家、文学家范仲淹、欧阳修、苏辙、苏轼、辛弃疾，金代文学大家元好问、杜仁杰、郝经，元代的张养浩，明代的王蒙、王守仁、王世贞、于慎行、张岱，清代的王士禛、蒲松龄，近代的冯玉祥等等，他们与泰山的故事不断丰富了泰山的文化内涵，为后人留下了宝贵的精神财富。

一、登泰山而小天下

历代名人的泰山情结肇始于孔子。孔子（前551年—前479年），名丘，字仲尼，鲁国人，春秋末期思想家、政治家、教育家，儒家学派创始人。

泰山在春秋时期是齐鲁两国的交界之地，为鲁国圣山。孔子生于鲁国，时常在泰山周围活动，曾多次登上泰山。他一生钟情于泰山，与泰山有着不可割舍的情缘，"孔子登泰山而小天下"，可不是普通的登高抒怀，而是这位文化巨匠站在文化的高峰，对中国传统文化的俯视，对华夏民族命运的思考，是圣人与这座圣山的心灵对话。圣人与名山交融，成就了中国文化史上不可逾越的精神高峰。

（一）孔子登泰山，为考察封禅制度

孔子3岁丧父，家道中落。"少好礼"，自幼熟悉传统礼制，青年便以广博的礼乐知识闻名于鲁，以办理丧祭之礼为生。封禅大典庄严隆重，有一套神圣而规范的仪式，这对十分重视礼乐制度的孔子有着极大的吸引力。孔子一生以周公为榜样，以恢复周朝政治和礼乐制度为己任，期望辅弼国君实现这一主张，而封禅大典就是必须掌握的重要国礼。经过多次实地考察，反复对照，孔子发现历代封禅的具体仪式差异很大，为自己掌握封禅礼仪提供了丰富的资料。

孔子游览泰山胜迹·泰山玉皇顶"孔子小天下处"石碑

在当时，封禅与祭山活动都要由国君举行，诸侯以下举办是不合礼节的。鲁国权臣季孙氏要祭泰山，孔子跑去问给季氏当管家的学生冉有："你不能阻止吗？"冉有回答不能。孔子说："难道泰山也不懂礼仪，接受这不合规矩的祭祀吗？"

（二）孔子登泰山，为了解民情、观知时政

《礼记·檀弓下》记载，一天，孔子从泰山脚下路过，见一妇人在坟前啼哭，便让子路前去探问缘由。妇人哭泣着说自己的公公、丈夫、儿子先后被老虎吃掉了。孔子问她为何不赶快离开这里。妇人说此处偏僻，没有苛捐杂税。孔子慨叹："苛政猛于虎也。"

据说这也是泰山王母池东面的山"虎山"之名的由来。"苛政猛于虎"的故事，既是对当政者尤其是昏庸残暴者的血泪控诉，也是儒家"德治""仁政"政治主张的表达。

（三）孔子登泰山，为抒怀畅志，开阔胸襟

孔子删定《诗经》，其中"泰山岩岩，鲁邦所詹"（《诗经·鲁颂·閟宫》）之句，是历史典籍中最早记载吟咏泰山的诗句之一，可见孔子对泰山的尊崇；孔子登上泰山，深深感受到了君王柴望祭天和封禅礼仪的神圣感。置身泰山极顶，放眼天地之间，目之所及，山河如画，胸怀天下，境界高远，故有"孔子登泰山而小天下"（《孟子·尽心上》）的名言。

孔子游览泰山胜迹·瞻鲁台

　　孔子的一生，就是自强不息积极入世的一生。20多岁时，孔子就想出仕，然而一直到他51岁才有机会当官。公元前501年，鲁国的国君鲁定公邀请孔子出山，担任中都宰，第二年升为司空，又调为大司寇，并代理宰相。

　　《史记·孔子世家》载，公元前500年，齐景公和晏婴想与中原诸侯联合，一是共同对抗吴国的威胁，二是恢复齐桓公的霸业，于是写信给鲁定公，约他在泰山以东的夹谷（今山东莱芜境内）会盟。

　　鲁定公将此事告知孔子并征询他的意见。孔子提出"具左右司马"护驾的建议，鲁定公采纳，并委派正副两司马率兵一同前去。会盟中，孔子又显示出一个外交家的才华，帮助鲁国在夹谷会盟中取得了重大胜利，还促使齐景公归还了侵占鲁国的汶阳等三处土地。这便是历史上著名的"夹谷会盟"。这是孔子政治生涯的高光时刻，亦是他人生的高光时刻。

　　公元前497年，夹谷会盟后的第四年，孔子因与当政者政见不合，辞去官职，偕弟子周游列国。途经泰山南的龟山时，作《龟山操》一曲，感慨季桓子专权，抒发自己想要改变局面但手无权柄，无可奈何的心态和情感。

　　公元前484年，鲁哀公派人带着礼物到卫国迎接孔子回鲁国，此时的孔子已经68岁高龄，在外漂泊了整整14年。途中路过泰山，孔子登高远望，感慨不已，遂作《邱陵歌》以抒怀。回到鲁国后，晚年的孔子致力于教育事业，整理《诗》《书》等典籍，删修《春秋》，以传述"六艺"（即礼、乐、射、御、书、数）为终身志业。

孔子临终，自知日薄西山，遂唱出对泰山、对人生的最后咏叹："泰山其颓乎！梁木其坏乎！哲人其萎乎"（泰山快要崩塌了吗，那么我又该瞻仰什么？屋梁快要断裂了吗，那么我又将住在哪里？贤能的人快要死去了吗，我们又该仿效谁呢？）

泰山对孔子的一生影响巨大。而孔子"登泰山而小天下"对后世也产生了巨大影响和示范效应，成为历代文人名士争相实践的社会活动和泰山独有的特色文化。

"天不生仲尼，万古如长夜。"（《朱子语类·卷九十三》）孔子创立的儒家思想照亮了整个国家，至今仍然发出耀眼的光芒，影响深远。儒家思想成为中华文明的基石，被历代统治者所尊崇，影响中国历史2000多年。

泰山为五岳之宗，孔子为万世之师。正是出于对泰山和孔子的至高尊崇，古人在岱顶修建了孔子庙，使圣人、圣山合二为一。泰山孔子庙也成为全国唯一的一座高山孔子庙，庙内供奉至圣先师孔子。"孔子，圣中之泰山；泰山，岳中之孔子"（明·严云霄《咏孔子庙》），是对孔子与泰山极高的评价。

泰山极顶玉皇顶西南望吴峰下的孔子庙

孔子庙远景

二、泰山不让土壤

李斯（？—前208年），字通古，秦代政治家、文学家、书法家。李斯长期担任秦国丞相。辅佐秦始皇统一中国，并先后随从秦始皇、秦二世封禅、巡祀泰山，在泰山极顶刻石，为大秦王朝歌功颂德。

李斯撰文并书写的泰山刻石，不仅是秦王朝鼎盛的见证，也开启了泰山碑刻的先河。它既是泰山历史的珍贵纪录，也是泰山碑刻艺术中的翘楚。

泰山是李斯的政治生涯中的烙印。他的一生，有四次大事件与泰山有关。

（一）逐客事件

公元前246年，为削弱秦国国力，韩国派郑国游说秦王开渠灌田，使之耗费人力物力而不能攻打韩国。

公元前237年，"疲秦"阴谋败露，秦宗室大臣（土著贵族势力）力劝秦王，说六国在秦国的客卿太多了，且其中多是间谍，应该将他们全部驱逐出秦国。于是秦王下令驱逐客卿，楚人李斯也在被逐之列。危急时刻，李斯给秦王写了一封信，这就是著名的《谏逐客书》。

李斯陈述天下与秦国形势，力辩驱逐客卿的弊端，并以泰山、河海为喻，劝谏秦王："是以泰山不让土壤，故能成其大；河海不择细流，故能就其深；王者不却众庶，故能明其德。"泰山不舍弃任何土壤，所以能巍峨高大；河海不排斥任何细流，所以能那样深广。作为帝王，应像泰山、像河海那样，广纳人才，广聚资源才能彰显自己的德行，成就天下一统的大业。秦王嬴政采纳了李斯的建议，取消逐客令，李斯也官复原职，后升为廷尉，其政治危机亦随之化解。

（二）秦始皇封禅

公元前219年，丞相李斯随从秦始皇东巡到泰山，进行封禅。此时距离"逐客事件"已过去18年。其间，李斯全力辅佐秦王，最终实现了《谏逐客书》中规划的美好蓝图：吞并六国，一统天下。李斯也成为位高权重的一代名臣。随从封禅，对于李斯来说，是至高的荣耀，也是政治生涯的辉煌时刻。

秦始皇登上泰山，向上苍祷告，述职完毕后，命令李斯书写"颂秦始皇帝德，明其得封也"的铭文，刻于泰山极顶，以宣扬他统一天下的功绩，表达治国理政、一统万年的雄心壮志。

泰山极顶石刻

（三）秦二世礼祀泰山

秦二世元年（前209年），秦二世胡亥为威服四海，效法秦始皇东巡，李斯仍以丞相之职随从。登上泰山，秦二世以礼祀之，李斯奏请在秦始皇刻石上加刻秦二世诏书，以彰显先帝功德。于是在始皇刻石之后，由李斯撰写加刻。只可惜时至今日，李斯碑仅存残石两块，共10字，"臣去疾臣请矣臣"七字完整，"斯昧死"三字残损不全。

（四）上书秦二世

由于赵高的挑拨，李斯受到秦二世猜疑。陈胜、吴广大泽乡起义之后，关东大乱，秦二世斥责李斯："（你）身居高位，何以致盗贼至此？"

担任三川郡郡守的李斯之子李由，因在与刘邦、项羽的战斗中屡战屡败，秦二世怀疑李斯父子与楚国叛党勾结，意图谋反。为了逢迎二世，保全自己，李斯上了《行督责疏》，以"城高五丈，而楼季不轻犯也；泰山之高百仞，而跛羊牧其上"为喻，劝谏二世制定严苛的法律，以重刑治乱世。此议正中秦二世下怀，统治更为残暴，使秦王朝加速走向崩溃。

后来李斯因赵高陷害入狱，他自负能辩，还想像劝谏始皇那样凭一篇雄文得以赦免。于狱中上书秦二世，自述"七大罪状"，实则历数自己的功劳，其"罪状"之一就是泰山刻石纪功,使秦皇父子名扬天下。但这一如意算盘被赵高一句,"囚安得上书"打破,李斯的命运走向无可挽回。

秦二世二年(前208年),李斯被腰斩,夷三族。临刑前,李斯懊悔地对儿子说:"吾欲与若复牵黄犬,俱出上蔡东门逐狡兔,岂可得乎?"(《资治通鉴·秦纪三》)意思是我还想跟着你一起牵着黄狗,到蔡东门那儿去打野兔子呀,但还可以实现吗?这就是流传千古的"黄犬之叹"。

而李斯称颂的泰山不让土壤的胸怀,王者当一统天下的豪迈志向传颂至今;他的泰山刻石,在两千多年的风雨沧桑中见证了中国碑刻制度的演变。两者都成为泰山文化不可或缺的一部分。

三、死生之叹

司马迁(前145或前135年—?),字子长,西汉伟大的史学家、文学家、思想家,著有《史记》《悲士不遇赋》等。

司马迁少时随父司马谈读书,并师从董仲舒受学《春秋》,向孔安国问疑《尚书》。20岁奉父命游历天下,搜集遗闻古事,"网罗天下放矢旧闻",曾渡过汶水和泗水,考察齐鲁地区文化,研习孔子留下的遗风。董仲舒是"罢黜百家,独尊儒术"的倡导者,而孔安国为孔子后人,受他们影响,司马迁对"圣中之泰山"孔子高度评价,充满了景仰之情,他在《史记·孔子世家赞》中写道:"高山仰止,景行行止,虽不能至,然心向往之。"在司马迁心中,此处的"高山"应该就是泰山。

元封元年(前110年),汉武帝封禅泰山。司马谈身为参与制定封禅礼仪官员,却因病滞留河南,不能继续前行。司马迁完成任务后立即赶往泰山参加封禅大典,行至洛阳,见到了生命垂危的父亲。弥留之际,司马谈流着泪,拉着司马迁的手说:"今天子接千岁之统,封泰山,而余不得从行,是命也夫,命也夫!余死,汝必为太史;为太史,无忘吾所欲论著矣。"(《史记·太史公自序》)

父亲的遗憾,使司马迁对泰山的情怀更加刻骨铭心。秉承父志,司马迁成为太史令。汉武帝历次到泰山,司马迁皆为随从,以其亲身见闻,结合对封禅文献的研究,完成了其"承敝通变"的《史记·封禅书》。

《史记·封禅书》将传说中的上古帝王直至秦始皇、汉武帝的泰山封禅活动,都给予生动翔实的记载,从而使这种富有浓厚政治文化色彩的祭祀活动为后代帝王重视，并成为隆重的国家大典得以延续。可以说，对封禅进行专门研究并列为史书专章，均始于司马迁，对泰山文化具有开创性的独特贡献。

天汉二年（前99年），李陵兵败降匈奴，汉武帝震怒，群臣皆声讨李陵之过，只有司马迁为其发声，他认为李陵是有"国士之风"的"奇士"，委身匈奴是迫于形势，日后必然寻机报答汉朝。

但汉武帝听信李陵为匈奴练兵的谣言，杀李陵全家，夷三族，致使李陵彻底与汉朝断绝关系。司马迁也以"欲沮贰师，为陵游说"被定为诬罔之罪，按律当斩，从此便有了千古名句"人固有一死，或重于泰山，或轻于鸿毛，用之所趋异也"（《史记·报任安书》）。面对大辟之刑，慕义而死，虽名节可保，然书未成，名未立，这一死"轻如鸿毛"，与蝼蚁无异。司马迁毅然选择了以腐刑赎身死，忍辱负重，完成《史记》著述大业，做到了"究天人之际，通古今之变，成一家之言"（《史记·报任家书》）。《史记》亦成为"史家之绝唱，无韵之离骚"。

面对生死，司马迁以泰山比德，寄予了自己崇高的敬意，把"重于泰山"作为一种精神境界引入人生哲学，使之成为泰山文化乃至中华民族精神的宝贵财富。

四、我本泰山人

曹植（192年—232年），字子建，曹操三子，三国时期杰出的文学家、诗人，建安文学的核心代表人物。著有《白马篇》《赠白马王彪》《洛神赋》等。他才高八斗，七步成章，辞彩华茂，骨气奇高。南北朝时期恃才傲物的谢灵运曾言："天下才共有一石，曹子建独得八斗。"曹植的一生大多都在泰山周边活动，对泰山有着深厚的情感。

曹植"十岁余，诵读《诗》《论》及辞赋数十万言，善属文"（《三国志·魏书十九》），深受曹操喜爱，几欲立为太子，但最终因任性而行，饮酒无度失宠。曹操死后，曹植的生活发生巨大变化。其兄曹丕、曹叡相继称帝，对其严加防范和限制。"煮豆燃豆萁，豆在釜中泣。本是同根生，相煎何太急？"曹植的这首《七步诗》广为人知，充分表达出自己的煎熬和愤懑之情。

曹魏太和三年（229年）曹植受封东阿王，后改封陈王，"号则六易，居实三迁，边遇瘠土，衣食不继"（《迁都赋并序》），其封地分处泰山东、西、北三个方向，均与泰山相距不远。频繁地迁徙和变动封爵，说明曹丕对他的极度不信任。曹植虽为藩王，却形同囚禁，没有任何自由。

曹植多次游览泰山，极度苦闷的他也只有在游历仙境中才能求得解脱和慰藉，他的《飞龙篇》《驱车篇》《仙人篇》等泰山游仙诗由此诞生。这些诗篇秉承《洛神赋》特色，想象绮丽，意境开阔，达到很高的艺术水平，同时蕴藏着关心现实、渴望建功立业的壮志。游仙诗成为泰山诗文中独特的风景线。

曹植在诗中把泰山作为建功立业的象征和寄托。"愿蒙矢石，建旗东岳"（《责躬诗》），"抚剑西南望，思欲赴泰山"（《杂诗》）；在壮志难酬、落魄失意时，仍在吟咏"驾言登五岳，然后小陵丘"（《鰕䱇篇》），"飘飘周八泽，连翩历五山"（《吁嗟篇》）。

无论是求仙的愉悦经历，还是在现实的艰难环境中，他的整个精神世界都始终不渝地表现了对泰山的景仰与神往。

他在《盘石篇》中直白地宣称，"我本太山人，何为客淮东"。他的封地东阿（今山东东阿县）位于泰山支脉，境内有一座鱼山与泰山遥望，曹植经常登临，纵目遐观，并希望死后能葬于鱼山之下。

太和六年（232年），曹植被改封陈王。11月，在忧郁中病逝。后人遵照其遗愿，把他葬于东阿鱼山，不负他对泰山的情有独钟。

曹植的一生，堪称与泰山生死相依。曹植的一生钟情于泰山，但是渴望建功立业之志终未实现。他死后魂归泰山，可谓"泰山情未了"，令人唏嘘感叹！

五、天门一长啸

李白（701年—762年），字太白，唐朝浪漫主义诗人，素有远大的抱负，立志"申管、晏之谈，谋帝王之术。奋其智能，愿为辅弼，使寰区大定，海县清一"（《代寿山答孟少府移文书》），但在很长时间里都没有得到实现的机会。天宝初年，他隐居徂徕，曾到泰山求仙访道，留下绮丽的泰山诗文，也留下了他在特殊时期的心路历程。

李白少年天才，"五岁诵六甲"，15岁已作有诗赋多首，并得到一些社会名流的推崇与奖掖，开始拜访名人或权贵，24岁时踏上远游的征途。开元十三年（725年），已是满腹经纶的李白出蜀，"仗剑去国，辞亲远游"，为时10年之久。

因出身商贾，李白不能应长举和制举入仕，只能走献赋之路。为谋求官位，开元二十三年（735年），李白向唐玄宗献《明堂赋》，写尽了开元盛世的雄伟气象，以博玄宗欢心；此后，再献《大猎赋》。《大猎赋》在结尾处宣讲道教的玄理，契合玄宗当时崇尚道教的心情。天宝元年（742 年），唐玄宗召李白进宫。

开元二十四年（736 年），李白移家鲁郡任城（今山东济宁），直至乾元二年（759 年）移家梁园（今河南境内），共在山东生活了 23 年之久。李白在此结交各地名士，与杜甫、高适等漫游齐鲁山川名胜。

天宝元年（742 年）四月，李白来到泰山，作较长时间逗留，写下了《游泰山六首》等著名诗篇。《游泰山六首》反映了李白丰富的精神世界，表达了他的泰山寻仙从想象、等待到怀疑、失落的内心活动和真实的情绪变化。他在诗中表现的并不是对求仙问道的虔诚，而是借以表达自己对理想的追求，而诗中的泰山仙境与仙人只不过是他理想的象征。只是在残酷的现实面前，他的理想抱负难以实现。

李白虽写过大量的游仙诗，但是对神仙有着清醒的认知——仙境缥缈难求，或根本就不存在。如《梦游天姥吟留别》云："海客谈瀛洲，烟涛微茫信难求。"在某种程度上，游仙诗可称为诗人的出世之作，当诗人失意、不遇之时，希望登临仙界，以仙界的自由无束来表达对现世束缚的不满和挣脱。

泰山上有个道士叫刘若水，是玉真公主的老师。李白听说后，就想通过刘若水的介绍得到玉真公主的引荐以走上仕途，故李白在《游泰山六首·其六》中特意使用了"玉真"一词：

朝饮王母池，暝投天门关。

独抱绿绮琴，夜行青山间。

山明月露白，夜静松风歇。

仙人游碧峰，处处笙歌发。

寂静娱清辉，玉真连翠微。

……

李白经过一番寻访，找到了刘若水并呈上诗作。刘若水读后大加称许，转呈玉真公主。公主读了这些意境美妙、想象绮丽的诗句，非常喜欢，加之李白的大名早已如雷贯耳，不止一人向她推荐过，于是就将李白推荐给了唐玄宗。至此，李白终于如愿以偿，并得到唐玄宗的赏识。742 年秋天，高歌着"仰天大笑出门去，我辈岂是蓬蒿人"的李白，离开泰山入京做翰林。

只是，浪漫不羁的李白不久便政途失意，再次浪迹江湖，游历天下，寄情山水。"众鸟高飞尽，孤云独去闲。相看两不厌，只有敬亭山。"上元二年（761年），被赐金放还远离长安的李白，独游宣城郡（今安徽宣城）敬亭山，怀才不遇的他心情寂寥，写下了这首《独坐敬亭山》，在大自然中寻求安慰和寄托。

此时的李白，是否还记得天宝元年的那次对望？那次是泰山，是"天门一长啸，万里清风来"（《游泰山六首》）的踌躇满志、壮怀激烈；那时的李白，尚有"前行若无山""何时复更还"（《登太白峰》）的期盼。

《独坐敬亭山》石刻（安徽宣城敬亭山风景区内，编者供图）

六、一览众山小

杜甫（712年—770年），字子美，自号少陵野老，唐代现实主义诗人，生于河南巩县（今河南巩义市），与李白是同时代的诗人，合称"李杜"。杜甫青年时期曾在山东度过一段快意时光，并在泰山一带与李白、高适等人交游，写下千古流传的诗篇，三人结下深厚友谊，传为文坛佳话。

杜甫家世代为官，远祖为汉武帝时期有名的酷吏杜周，其十四世祖杜预是西晋名将，曾祖杜依艺任巩县令，祖父杜审言是武则天朝膳部员外郎、著名诗人，其父杜闲，曾为奉天令、朝议大夫、兖州司马。所以杜甫曾说："自先君恕、预以降，奉儒守官，未坠素业。"母亲崔氏，在杜甫年幼时就故去，崔家也是有名望的世家大族。

杜甫青少年时家庭环境优渥，过着安定富足的生活。他自小好学，7岁能作诗，

"七龄思即壮，开口咏凤凰"（唐·杜甫《壮游》），有志于"致君尧舜上，再使风俗淳"（唐·杜甫《奉赠韦左丞丈二十二韵》）。杜甫 19 岁出游郇瑕（今山西临猗），20 岁漫游吴越，历时数年。开元二十三年（735 年），杜甫回故乡参加"乡贡"。次年，杜甫在洛阳参加进士考试，结果落第。此时，杜闲任兖州司马一职，于是杜甫赴兖州省亲，到齐赵平原，作第二次漫游，在齐赵一带过了四五年"裘马轻狂"的"快意"生活。

杜甫初到齐鲁，与诗人苏源明相识。二人意气相投，相携纵游，"放荡齐赵间，裘马颇轻狂。春歌丛台上，冬猎青丘旁。呼鹰皂枥林，逐兽云雪冈。射飞曾纵鞚，引臂落鹜鸧。苏侯据鞍喜，忽如携葛强"（《壮游》）。此时的杜甫，意气风发，充满昂扬的进取精神。

大约在开元二十九年（741 年），杜甫来到泰山，写下了流传千古的《望岳》。

望岳（岱宗夫如何）

岱宗夫如何？齐鲁青未了。

造化钟神秀，阴阳割昏晓。

荡胸生层云，决眦入归鸟。

会当凌绝顶，一览众山小。

从这首诗中，我们既欣赏到了泰山壮美的景色，也看到了杜甫乐观、积极的人生态度。《望岳》的诗眼无疑是"会当凌绝顶，一览众山小"，与孔子的"登泰山而小天下"有着异曲同工之妙。

杜甫《望岳》诗，共有三首，分咏东岳（泰山）、南岳（衡山）、西岳（华山），恰好能代表其青年、中年、暮年三个时期的心态。

青年时咏泰山，展现了青年杜甫光芒四射，壮志凌云，此时他以积极的态度对待人生，写出了泰山的雄奇壮阔，诗风遒劲峻洁，气魄雄放；中年时咏华山，此时杜甫宦途失意，报国无门，《望岳》委婉曲折，沉郁顿挫；晚年咏衡山，此时杜甫在南方流浪，字里行间表达其内敛安命、与人为善的人生态度。

天宝四载（745 年）至天宝五载（746 年），杜甫第二次游历齐鲁，与李白、高适、李邕等文坛巨擘欢聚一堂，高歌长吟，成为文学史上名垂青史的盛会。

泰山之巅"荡胸生层云"的景象

　　杜甫与李白相识在天宝三载（744 年）四月，当时杜甫居洛阳，已是"二年客东都，所历厌机巧。野人对膻腥，蔬食常不饱"（《赠李白》），李白也被赐金放还，相同的际遇、志向及才华，使得两人一见如故，引为至交，同游山东各地。泰山南北，汶河之畔，留下李杜二人往来足迹，也留下许多关于泰山的著名诗篇。"李杜文章在，光芒万丈长。"（唐·韩愈《调张籍》）杜甫、李白和他们的诗友在泰山的游历，给泰山留下了一笔丰厚的文化遗产。

　　但世事无常，如杜甫在《赠卫八处士》中所写："明日隔山岳，世事两茫茫。"这尘世间的事谁又能预料得到呢？他自己未曾想到会有"安史之乱"，更不会想到自己虽满腹抱负却因不得志郁郁而终！

中华泰山石刻

　　从华夏圣祖炎黄在泰山举行柴望仪式，到秦皇汉武、唐宗宋祖在泰山举行封禅大典，再到明清皇帝登临祭祀；从孔子登泰山而小天下，到李白、杜甫等历代文人雅士颂扬泰山；从儒释道三家在泰山和谐传经，再到华夏黎民登岱朝拜。泰山就是帝王祈国昌，百姓求平安，文人梦舒怀的神圣之山。泰山象征着国家统一、民族团结，所传递的就是国泰民安。泰山，是中华民族的精神之山。

第二节
岱下名士

泰山巍巍，汶水汤汤。作为中华文化的主要发祥地之一，泰山地区早在 5 万年前就有人类繁衍生息，6000 年前产生了繁盛的大汶口文化。雄奇壮伟的泰山，不仅吸引了历朝历代多位皇帝来封禅，文人骚客接踵而至，也深深影响着它脚下的齐鲁大地，使这片土地人杰地灵，名人辈出。柳下惠、鲍叔牙、左丘明、羊祜、程咬金、石介、高文秀、萧大亨等等，他们生在泰山脚下，长于汶水河畔，感受着泰山千年古韵，演绎着一个个动人的故事，他们是历史的传说，更是泰山的传奇。

一、圣之和者

柳下惠（前 720 年—前 621 年），姬姓，展氏，名获，字季禽（展氏族谱记载），又有字子禽一说，鲁国人。中国古代思想家、政治家、教育家，鲁国大夫展无骇之子。"柳下"是他住的地方，"惠"是他死后的谥号，后人尊称柳下惠。孔子称其为"被遗落的贤人"，孟子把他与伯夷、伊尹、孔子相提并论，称赞"柳下惠，圣之和者也"，故后世尊之为"和圣"。作为遵守中国传统道德的典范，其"坐怀不乱"的故事被世人传颂。

"坐怀不乱"的典故在《荀子·大略》和《诗经·小雅·巷伯》毛亨传中都有记载，这些记载表明，自汉代以来，"坐怀不乱"的故事已广为人知。元朝时胡炳文的《纯正蒙求》中不再一言而概，有了细节："鲁柳下惠，姓展名禽，远行夜宿郭门外。时大寒，忽有女子来托宿，下惠恐其冻死，乃坐之于怀，以衣覆之，至晓不为乱"。元末明初的陶宗仪在《南村辍耕录·不乱附妾》中是这样描述的，"夫柳下惠夜宿郭门，有女子来同宿。恐其冻死，坐之于怀，至晚不乱"。两个人所写故事的具体内容大同小异，基本相似。

柳下惠曾任鲁国士师，掌管刑罚狱讼之事。当时鲁国王室衰败，朝政把持在臧文仲等人手中。柳下惠为人刚正不阿，得罪权贵，多次遭到贬谪，但不离开父母之邦。所谓"虽遭三黜，不去故国；虽荣三公，不易其介"。

柳下惠虽然屡受打击排挤，仕途蹭蹬，但他的道德学问却名满天下，在各诸侯国有相当大的影响。"昔者秦攻齐，令曰：'有敢去柳下季垄五十步而樵采者，死不赦'。"《战国策·齐策四》记载，秦攻齐，中间要经过鲁国，秦军下令切实保护柳下惠在鲁国的墓地，并规定在柳下惠墓地50步以内砍柴的人要处以死刑。柳下惠在各诸侯国的影响由此可见一斑。

二、千秋伯乐

鲍叔牙（约前723或前716年—前644年），鲁国平阳（今新泰市汶南镇鲍庄）人，春秋时齐国大夫，以知人善任著称。

鲍叔牙跟管仲（今安徽颍上县人）年轻时就是要好的朋友，他们曾经一同到南阳（今河南南阳）做生意，虽然本金是鲍叔牙出的，但在分利的时候，管仲总要给自己多分一些。而对别人的非议，鲍叔牙总是替管仲解释，说他不是不重友谊，只是因为家境贫困，要赡养老母才图钱财，管仲这样做是鲍叔牙情愿的。这就是人们广为称道的"管鲍分金"的故事。

鲍叔牙赏识管仲的才学，也理解他的所作所为。管仲曾替鲍叔牙办过几件事，可是不仅事情没办好，还帮了倒忙，鲍叔牙也并不认为管仲无能。管仲曾三次当官，三次都被罢了官，鲍叔牙认为他只是没遇到赏识他的人，没有得到发挥才干的机会。管仲曾三次被征入伍，但每次打仗都逃跑了，鲍叔牙也不认为他胆小怕死，而是说知其家有老人要奉养。

后来，鲍叔牙做了齐僖公三儿子小白（桓公）的老师，管仲做了僖公二儿子纠的老师。齐僖公长子齐襄公继位后荒淫残暴，公元前685年，齐国爆发内乱，公孙无知勾结大夫闯入宫中杀死襄公自立为王。鲍叔牙保小白逃到莒国，管仲和召忽护公子纠躲避到鲁国。

时隔一年，公孙无知被齐国贵族诛杀，齐国无君，一片混乱。公子纠和小白得知消息后，为争君位，都匆忙往国内赶。管仲亲自带人拦截，劝公子小白退出，被拒后箭射小白，小白大叫倒下。管仲以为小白已死，就护送着公子纠不慌不忙地向齐国进发。谁知管仲那一箭正巧射中了小白的衣带钩，鲍叔牙知危机四伏，便让小白躲进辒辌车①内，快马加鞭，赶奔齐都临淄。在鲍叔牙游说下，得到齐国正卿高氏和大夫国氏的支持，小白顺利地登上了君位，就是后来的"春秋第一霸主"齐桓公。

齐桓公不忘鲍叔牙之功，虚相国位以待。鲍叔牙恳劝桓公："我有幸跟随着您，您终于立为国君。国君的尊贵，我无法再使其增高，若治理齐国，任用高傒和我就够了，若要建立霸业则非管仲不可。"齐桓公惊讶地说："你不知道管仲是我的仇人吗？"鲍叔牙说："治理天下在于宽仁的才智，不能局限在恩仇二字上。""客观地说，管仲是天下的奇才，他英明盖世，才能超众。"齐桓公又问鲍叔牙："管仲的才能比你如何？"鲍叔牙道："管仲有五点比我强：宽以从政，惠以爱民；治理江山，权术安稳；取信于民，深得民心；制订礼仪，风化天下；整治军队，勇敢善战。"并劝桓公不能以一箭之仇错过了求贤的机遇，再说那一箭也是听命于公子纠。只要化仇为友，赦免其罪而委以重任，管仲一定像忠于公子纠那样为桓公效忠。齐桓公听从了鲍叔牙的举荐，择良辰吉日以隆重的礼节，亲迎管仲，拜为相国，主持齐政，鲍叔牙心甘情愿地做了管仲的助手。

管仲为相后，对齐国进行了一系列改革，齐国很快强盛起来。齐桓公"尊王攘夷""九合诸侯，一匡天下"，成了春秋第一位霸主，从某种程度上讲，也是鲍叔牙荐贤的结果。管仲对鲍叔牙感激万分："生我者父母，知我者鲍子也。"（《史记·管婴列传》）

后来，管仲病危，齐桓公前去探望。问："相国呀，万一你病重不起，我想任鲍叔牙为相，是否妥当？"管仲摇摇头说："鲍叔牙品德确实高尚，但不适宜为相。"最后，管仲还是推荐了别人为相。鲍叔牙知悉后，高兴地说："我荐管仲就是因为他是不徇私情、忠心耿耿的人。"

鲍叔牙死后，葬在了他的故乡山东新泰市汶南镇鲍庄，如今坟墓仍存。附近村庄的许多门楼上，至今高悬"管鲍遗风"的匾额，纪念这对莫逆之交的好友。

"天下不多管仲之贤，而多鲍叔能知人也。"。鲍叔牙为了国家知人荐贤的高风亮节，几千年来一直为人们称道。

---

① 辒辌车，古代的卧车。亦用做丧车。

三、史学鼻祖

左丘明（生卒年不详），鲁国都君庄（今山东肥城石横镇衡鱼村）人，丘穆公吕印的后代，春秋著名史学家、思想家、儒学奠基人之一。

左丘明像（编者供图）

左丘明与孔子生活在同一时代，是一位品德高尚，值得尊敬的先儒、先贤，孔子与其同好恶，称其为君子。左丘明著有《左传》《国语》，前者是一部编年体史书，后者是一部国别体史书，二者均是研究先秦历史的重要文献。

孔子逝世后，左丘明为使其所著《春秋》流传后世，又不致其诸多弟子各按其意以歪曲孔子本意，遂作传以释经，这就是史称的《左传》《左氏传》或《左氏春秋传》《春秋左氏传》等。

《左传》作为一部记述详备、论述精辟的编年史，具有很高的史学、文学价值，又是一部著名的军事著作，也是杰出的历史散文巨著，为研究春秋时期的政治、军事、经济以及社会各个方面，提供了丰富素材。《山东通史·先秦卷·〈左传〉》载，在经学史上，《左传》是古文学派的重要经典，因其以史事讲解《春秋》而著称。它不但比《春秋》多记载了17年的历史，而且叙事远比《春秋》详细、完整、生动，具有极高的史料价值和历史文学价值。

清周大璋《左传翼》曰："左氏文字，为百家之祖。国策、史汉，韩、柳、欧、苏，无不摹仿。其章法、句法、字法，遂卓然自成一家言。欲读古文而不精求于《左氏》，是溯流忘其源也"。

左丘明晚年因患眼疾，辞官还乡。还乡时，除带回大量史料外，还带回银杏一株、桑苗一捆，决意耕读传家。他亲手植下银杏，开垦桑园，忙时桑稼，闲时教书著述。但他的眼疾也越来越重，不久即双目失明，这对于左丘明来说是一个沉重的打击。面对混沌一片，他曾一度绝望，拒论史实。但强烈的使命感战胜了忧伤，他重新振作，决心在有生之年将其所集整理出来献给后人。于是，他把几十年来所听到、见到的诸侯各国的政闻要事及君臣谋议得失之词，口述给子孙，汇集成卷，著成了我国现存最早的国别体史书——《国语》。

《国语》全书共 21 卷，主要记录了自西周末年至春秋时期周、鲁、齐、晋、郑、楚、吴、越八国部分君臣谋议得失的对话，是先秦时期重要的历史文献。

《国语》和《左传》以不同形式记录了大体同时期的史事，相互之间有详略同异，二者有不少可以互相参证的地方。所以后来有学者称《左传》为《春秋》内传，《国语》为《春秋》外传。

左丘明因病去世后，后人根据左丘明生前嘱托，将他的遗体安葬于其所植银杏树"一箭之地"的都君庄东高地上，在这里可东向齐都，南顾鲁城，可见左丘明的齐鲁情缘。他的品性和对人类历史的伟大贡献，得到了世人的尊重和敬仰。左丘明逝世不久，人们将他著述过的地方称作"左传精舍"，予以保护，并代有修葺。

四、乱世终结

羊祜（221 年—278 年），字叔子，泰山郡平阳（今泰安新泰）人，西晋政治家、军事家、文学家，曹魏上党太守羊衜之子，汉末才女蔡文姬的外甥。

羊祜出身于汉魏名门士族"泰山羊氏"。司马昭任魏大将军时，羊祜任秘书监，后任相国从事中郎、中领军等职，与荀勖等共同参与司马昭的机密大事，在策划以晋代魏中立了大功。司马炎称帝后，羊祜任中军将军、散骑常侍、尚书左仆射、卫将军等要职，为西晋重臣。

泰始五年（269 年），晋武帝司马炎令羊祜坐镇襄阳（今湖北襄阳市），都督荆州（今湖北荆州市）军事，羊祜成为对吴作战第一线的主要将领。在荆州，羊祜重视地方吏治，改革旧俗，提倡教化，屯田兴学，扩军练兵，加强军事部署，全力筹备灭吴计划。羊祜对东吴吏民实行招抚的政策，争取东吴民心。他注意从政治上争取吴人，对东吴来降的人给予奖励，而且来去自由。部下过境割了吴人的稻谷，羊祜叫人计算数量，用绢偿还。羊祜率领部下到两国边境打猎，如果遇到禽兽为吴人所猎而掉在晋境的，便让部下包好送还对方。羊祜的这些做法，得到吴国军民的赞扬，提到羊祜的时候，都不叫他的名字，而尊称为"羊公"。

东吴名将陆逊之子陆抗受命为吴军都督，率军与羊祜对峙。当时，两人虽是

对立双方的军事统帅，但因互相敬重，彼此成了好朋友。"羊陆之交"也是中国古代战史上的佳话。在和羊祜的交往中，陆抗十分敬佩羊祜的为人，认为其远超乐毅、诸葛孔明。

泰始八年（272年），羊祜与晋武帝密谋伐吴，但在西陵之战中，未能实现救援吴国降将步阐的计划，西晋荆州刺史杨肇被吴国陆抗击败，步阐城陷被擒，举族被杀。羊祜认识到平吴不能操之过急，于是采用军事蚕食和提倡信义的策略，积蓄实力，瓦解对方，寻找灭吴的合适时机。

咸宁二年（276年），羊祜在荆州已7年，伐吴工作已做好充分准备，此时陆抗也已病逝。羊祜认为伐吴统一全国的时机已经到来，便向晋武帝提出灭吴的建议。但由于朝中多数权臣的反对，羊祜的主张虽得到晋武帝的赞许，但还是被搁置下来。

咸宁四年（278年）六月，病危的羊祜回到洛阳，向晋武帝面陈伐吴之计。司马炎欲让羊祜带病率将伐吴，羊祜婉辞，力荐杜预取代自己的位置，以完成统一大业。是年十一月，羊祜去世。羊祜死时，正值寒冬，司马炎穿着丧服亲临丧礼，痛哭流涕，泪水流到胡子上结了冰。荆州百姓听闻羊祜死讯，如丧考妣，一时间大街小巷悲声不断。更让人想不到的是，吴国守边将士也为敌军统帅的死而落泪不止。后来，襄阳百姓在岘山为其建庙立碑，周围的老百姓亦常去祭拜，睹碑生情，泪流不止，因此杜预称其为"堕泪碑"。唐代诗人孟浩然作《与诸子登岘山》，诗云："羊公碑尚在，读罢泪沾襟。"

羊祜死后第二年，杜预、王濬等人按照羊祜生前的进军计划，兵分六路，一举灭吴，完成了统一全国的大业。战后，满朝文武欢聚一堂，举杯庆贺，司马炎流着眼泪说："这都是羊太傅的功劳啊！"

羊祜生前虽军务繁忙，仍念念不忘远方的泰山，曾不止一次说："等东吴平定后，我就戴上隐士巾，回泰山老家，过几天安生日子。"后虽伐吴大计已成，羊祜到泰山隐居的夙愿却再也实现不了了。

五、三朝元老

萧大亨（1532年—1612年），字夏卿，号岳峰，山东泰安州（今山东泰安新泰市）人，明朝后期重臣、政治家、军事家。

萧大亨祖籍肥城南夏辉村，生于新泰放城镇，幼年家贫，随父迁至泰安城里，以卖豆腐为生，6 岁入私塾，在今泰安南关灵应宫附近读书，15 岁丧父。成年以后，萧大亨相貌伟岸不凡，是史学家、政治家、明末重臣朱国祯笔下"长身伟貌，烨烨有威"（《涌幢小品·献俘》）的人物。

明嘉靖四十一年（1562 年），萧大亨参加殿试，进三甲，赐同进士出身，授山西榆次（今山西晋中榆次区）知县。明朝的榆次县靠近汉蒙边境，蒙古俺答汗常带兵来榆次抢劫，杀人放火，加之榆次连年灾荒，百姓生活无以为继，苦不堪言。萧大亨到任后，立即整顿吏治，加强军事防御，张榜招抚流民回乡复业，呈请发仓赈灾，力除时弊，改革赋税，使当地生产得以快速恢复。仅两年使榆次风貌为之一新，深受百姓拥戴。

嘉靖四十三年（1564 年），萧大亨因政绩优异升户部主事。离任之时，"老幼攀辕泣下"，榆次老百姓拉着他的车不让他走。24 年后，榆次老百姓还给他立碑，40 年后，又立生祠。

从 1565 年至 1595 年，萧大亨先后任户部主事、宁夏巡抚、宣大总督、兵部右侍郎等职。30 年的大漠孤烟，塞上风云，萧大亨由一介书生成长为文武兼备的边防重臣。期间蒙汉冲突严重。蒙古族采取游击战术，来无影去无踪，明王朝战不能胜则守，守不住则和，和不成再战，恶性循环，一筹莫展。萧大亨在长期的军事实践中，探索出一个策略：以军事实力为基础，实行"款贡"[①] 政策。并多次打败南侵的鞑靼敌军，使鞑靼服其威而无不从命，成功处置鞑靼"洮河之变"及宁夏鞑靼反叛事件，促成贡市，基本解决了明王朝晚期的蒙汉冲突问题。正是萧大亨运用他杰出的外交才能，并采取这种恩威并施、互惠互利的策略，使得边疆地区获得了难得的安宁。

明万历二十二年（1594 年），凭借戍边多年，跋涉塞外的经验，萧大亨编纂成《夷俗记》，对蒙古的地理风貌、风土人情、生产及战争等社会状况进行了全面论述。它既是一部民俗著作，又有策论制驭之略，旨在"若想战胜他们，必须深入地研究他们，甚至采纳他们的'长技'，以补自己的不足"，即"弃我所短，习虏所长，而曰阴山不可扫，贺兰不可登，吾不信也"（《夷俗记·战阵》）。因此，《夷俗记》既有很高的史料价值，又开创了"师夷长技以制夷"思想的先河。

---

① 所谓"款贡"，就是蒙古族向朝廷进贡，朝廷赏赐给对方需要的钱物，其本质是商品交流。

明万历二十三年（1595 年），萧大亨应召入朝，任刑部尚书，掌天下刑狱。其时，日本侵犯朝鲜，萧大亨力主对日作战。明万历二十六年（1598 年），萧大亨兼理兵部事务，大败日军，朝鲜战火熄灭。

明万历三十二年（1604 年），萧大亨授任兵部尚书，严令福建缉捕南侵倭寇，擒斩甚众。后又多次平息西南边陲兵变，稳定了西南边防。

明万历三十六年（1608 年），萧大亨告老还乡，回到泰安。虽在外居官多年，萧大亨关心家乡，亲自编订《今古文钞》《文章正宗》等书籍，供学子阅读学习；捐资创建泰安文庙尊经阁，供学子就读。还捐资修整泰山名胜古迹，如三阳观、碧峰寺记事碑等，至今犹存。

明万历四十年（1612 年），萧大亨在泰安去世，享年 81 岁，葬于今天泰安市岱岳区满庄镇金牛山之阳的土岗上。

萧大亨历经嘉靖、隆庆、万历三朝，戍边 30 载，万历年间任兵、刑两部尚书13 年，是名副其实的明朝重臣。萧大亨墓的墓坊上雕刻着一副楹联："束发登朝，勋业永垂于边地；鞠躬尽节，忠勤益励于宦成。"

由于萧大亨在其著作《夷俗记》中说过对女真族大不敬的话，清代在修《明史》时，没有给萧大亨立传，并将其著作列为禁书，导致其成为鲜为人知的历史人物。1647 年，清政府对泰安萧家进行了彻底的查抄，萧大亨家族从此破败。生于泰安，魂归泰山的萧大亨，一生是非成败，也就只能任由历史评说了。

"青山依旧在，几度夕阳红。"在中国，泰山不仅是中华民族的圣山，更是古代帝王、名人文士向往的名山。中国人的泰山情结，使众多历史名人把自己看作是泰山的一部分，生于此，魂归亦于此。千百年来，在人与山的对望中，泰山的形象、气质、内涵给人以启迪，而人以泰山为载体和对象，创造出鲜明的山岳文化。名人与山岳结合，造就了泰山独特的人文景观，这就是泰山的名人文化，它是人与山的交相辉映，是山与人的相互成就，是泰山文化的精髓所在。

第四章

泰山文脉

　　泰山，不仅是自然景观的瑰宝，更是千年文明的汇聚之地。她的雄伟与神秘，激发了无数文人、艺术家的灵感。与她有关的文学作品、书法石刻与玉石文化，如同繁星点缀夜空，熠熠生辉。

　　泰山，承载着历史的烟波浩渺，但这股文化的力量恒久不灭，如草蛇灰线般微妙却坚韧，隐匿于时间深处，穿越了无数的朝代更迭、战争烽火，静静地烙刻在每一个华夏儿女的心中。这，便是泰山文脉！

《泰山经石峪金刚经》摩崖石刻

　　从远古开始，泰山文脉便在历史的洪流中不断演变。有时幻化成诗词歌赋，蹁跹在泰
山之巅，有时就栖身在泰山的大字石刻里。泰山见证了中华民族的辉煌历史，承载了无数
先人的智慧与梦想。那些铭刻在历史长河中的故事，犹如一曲曲动人的乐章，让后人在回
望过去的同时，感受到中华民族的坚韧与不屈。

第一节
文学印记

千百年来，无数的文人墨客用自己激昂的情感和生动的笔触，为泰山注入了源源不断的生命力。

《孟子·尽心上》写道："孔子登东山而小鲁，登泰山而小天下。"

秦代李斯在《谏逐客书》中写道："泰山不让土壤，故能成其大。"

汉代司马迁在《报任安书》中写道："人固有一死，或重于泰山，或轻于鸿毛。"

汉代刘安在《上武帝书》中写道："天下之安，犹泰山而四维之也。"

唐代杜甫在《望岳》中写道："会当凌绝顶，一览众山小。"

民国时期邱山宁在《泰山赞》中写道："泰山何其雄，万物都包容。"

当代国学大师季羡林在《泰山颂》中称泰山是"国之魂魄，民之肝胆"。

如今，我们凝望着鲜活的文字，侧耳倾听传颂千年的绝唱，依然为之震撼。

一、远方的目光

跟随文学脉络和印记，我们走进远方的时光，一睹两千多年前泰山最初的模样。

（一）初见"泰山"

跨越千年，我们在《诗经》中初见"泰山"。《诗经》分为风、雅、颂三部分，其中颂指的是宫廷中祭祀和颂圣的乐曲。泰山位于当时的齐国和鲁国的分界处，山之阴为齐，山之阳为鲁，因此在歌颂鲁国功德时出现了"泰山"。

诗经·鲁颂·閟宫（第七章）

泰山岩岩，鲁邦所詹。奄有龟蒙，遂荒大东。

至于海邦，淮夷来同。莫不率从，鲁侯之功。

这是一首对鲁僖公歌功颂德，希望鲁国能够恢复其在周朝初期尊长地位的诗歌。其中第七章写到鲁国疆域之广博，周边淮夷等地均已归顺鲁国。

"泰山岩岩，鲁邦所詹"，泰山的雄伟高峻是整个鲁国人民所敬仰、所依赖的高大山脉。"岩岩"二字凸显泰山巨石众多、岩壁林立，用以形容泰山拔地通天的气势。

春秋时期，孔子"登泰山而小天下"。可以想象，两千多年前，孔子置身泰山极巅，放眼天地之间，目之所及，山河如画，彼时真正感受到上古七十二帝王封禅泰山时的庄严神圣。

孔子一生钟情于泰山，在他周游列国，为理想漂泊奔走 14 年后，再次来到泰山，写下《丘陵歌》。

丘陵歌

登彼丘陵，峛崺其阪。仁道在迩，求之若远。

遂迷不复，自婴屯蹇。喟然回顾，题彼泰山。

郁确其高，梁甫回连。枳棘充路，陟之无缘。

将伐无柯，患兹蔓延。惟以永叹，涕霣潺湲。

这首诗采用比兴的手法，将"山道"喻"仁道"，感叹推行仁爱、追求真理与理想的道路如同登顶泰山，行路艰辛。而这种理想和政治抱负更是像泰山一样神圣。即使困难重重，圣人仍要为信仰奔走天下，他所提倡的仁爱、所倡导的儒家思想已在这里悄无声息地生根发芽，成为中华文化的源头，也成就了中国文化史上不可逾越的精神高峰。

（二）两封《封禅书》

在汉代人眼中，泰山是政治、宗教符号，也由于"泰山治鬼"等传说，当时泰山是人们膜拜的对象，甚至将个人的长生不老愿望寄托于泰山。此时关于泰山的文学作品多是以记录封禅、祭祀等政治、宗教活动为主。汉武帝时期，司马相如、司马迁，都曾写下《封禅书》，但内容和立场全然不同。

汉赋大家司马相如的《封禅书》是中国文学史上第一篇泰山封禅辞赋。司马相如在《封禅书》中概述了历代帝王封禅泰山，描写了周朝封禅的场景，同时假借大司马①之口歌颂汉武帝时期恩德无量，祥兆空前，更应该去泰山封禅。"名山显位，望君之来"（《汉书·司马相如传》），泰山俨然成为一种主流的政治符号，国家形象的象征。

司马相如去世后的第九年，即元封元年（公元前 110 年），汉武帝带着 18 万人，浩浩荡荡，封禅泰山。此后又完成了七次泰山封禅，并首次在泰山设立奉高县（今泰安市岱岳区故县村），后又设立泰山郡，进一步强化了泰山在政治和文化上的重要地位。

司马相如未能见到封禅时的盛况，而西汉另一位史学家，文学家，与他同姓的司马迁则跟随队伍来到泰山。目睹了车驾旌旗无数，蔚为大观的场面，可惜，司马迁被挡在泰山脚下，汉武帝只带了霍去病的儿子登上泰山山顶。司马迁在泰山沿途考察了很多他所需要的资料，后来写成《封禅书》。13000 多字，记录了从虞舜到汉武帝三千多年间帝王们的郊祀、巡狩、封禅活动，翔实又生动，为后人研究古代封禅史提供了极为重要的参考资料。

无论是司马相如还是司马迁，《封禅书》都是基于泰山的政治背景而写，具有较强的政治性。

二、诗意的栖居

魏晋以来，个体的自我意识开始逐渐觉醒，文学作品也从教化颂扬转向对个体情感与多元价值的表达。更多的文人墨客踏上这片神圣又神秘的土地，他们或登高远眺，或漫步山间，他们的笔下，巍峨壮丽的泰山逐渐成为文人的诗意栖居之地。

（一）跟着诗仙游泰山

大唐的万千气象中，诗歌无疑是灵魂，而诗歌的繁荣发展也为泰山注入了新的生机。"五岳寻仙不辞远，一生好入名山游"的"诗仙"李白就与泰山结下过不解之缘。天宝元年（742 年）四月，42 岁的李白登上泰山，此时的他还尚未入仕，对未来踌躇满志，山上清风阵阵入怀，溪水淙淙入心，气势磅礴，群峰如黛的泰山让李白心生赞叹，写下一组连章诗《游泰山六首》。

---

① 大司马，古代官名，职责是掌邦政。

《游泰山六首》（其一）

四月上泰山，石平御道开。六龙过万壑，涧谷随萦回。

马迹绕碧峰，于今满青苔。飞流洒绝巘，水急松声哀。

北眺崿嶂奇，倾崖向东摧。洞门闭石扇，地底兴云雷。

登高望蓬流，想象金银台。天门一长啸，万里清风来。

玉女四五人，飘飘下九垓。含笑引素手，遗我流霞杯。

稽首再拜之，自愧非仙才。旷然小宇宙，弃世何悠哉。

《游泰山六首》（其六）

朝饮王母池，暝投天门关。独抱绿绮琴，夜行青山间。

山明月露白，夜静松风歇。仙人游碧峰，处处笙歌发。

寂静娱清辉，玉真连翠微。想象鸾凤舞，飘飘龙虎衣。

扪天摘匏瓜，恍惚不忆归。举手弄清浅，误攀织女机。

明晨坐相失，但见五云飞。

李白的诗中，神仙是常客，他眼中的山脉和天空都充满了神性。这组诗虽是游仙诗，但诗人以神仙道化比喻政治理想，蕴藏着诗人对未来扶摇直上的憧憬。

他把自己的理想抱负和求仙问道结合起来，将自己的傲岸狂放，追求远大理想而不得的心境都融入了这组诗，哀而不伤、愁而不苦。诗中泰山壮美的奇观加神话故事和诗人丰富的想象力，让我们看到一座壮阔秀丽且气象万千的泰山，也看到一个美妙虚幻的仙境，更让我们看到一个逸态凌云、神采飞扬的诗仙。

（二）泰山诗的巅峰之作

提到杜甫，人们总会想到"感时花溅泪，恨别鸟惊心"（《春望》）的忧国忧民，想到"百年多病独登台，潦倒新停浊酒杯"（《登高》）的悲苦老人，却忘了他也曾年轻过，也曾热情奔放、豪情万丈。

24岁的杜甫经历了第一次科举考试的落榜，挫败并没有消磨掉他的傲气，他对自己的才华深信不疑。开元二十四年（736年），他开始了在齐鲁大地上的漫游生活。到达泰山时，写下了这首《望岳》，成为泰山诗的压卷之作。

这是真正属于泰山的诗。这里的泰山摆脱了与鬼神、封禅、政治，让泰山成为了泰山。

从古代诗歌方面来看，除了有李白、杜甫的"泰山诗"外，还有众多文人骚客以泰山为媒介抒发壮志情；除了泰山主峰，他们还写泰山周边的景点，不仅写日出泰山，也写雪中泰山。如唐代卢照邻的《登封大酺歌》、李隆基的《登封喜雪》、李德裕的《泰山石》，宋代石介的《泰山》、王安石的《送道光法师主持灵岩》、苏辙的《灵岩寺》、范致冲的《日观峰》，元代张养浩的《登泰山》，明代李梦阳的《泰山》以及清代施闰章的《五大夫松下看流泉》、赵国麟的《泰山纪游》等等。这些泰山诗歌不但代表了文人大夫的精神风貌，反映了不同历史时期的社会状况和文人心态，更为后人留下了丰富的文化遗产。

（三）日出雪山，重燃希望

泰山见证了杜甫的壮志豪情，也抚慰了姚鼐的失意落寞。20岁考中举人，历经13年的努力终于踏上仕途之路。然而，一系列的学术争端、同僚打击致使姚鼐在八年后痛离官场，借病辞去四书馆纂修之职，离京一路南下。

乾隆三十九年（1774年）腊月二十九，也就是这一农历年的最后一天（当年十二月小），姚鼐登上泰山，并且留下了流传后世的散文名篇《登泰山记》。

登泰山记

姚鼐

泰山之阳，汶水西流；其阴，济水东流。阳谷皆入汶，阴谷皆入济。当其南北分者，古长城也。最高日观峰，在长城南十五里。

余以乾隆三十九年十二月，自京师乘风雪，历齐河、长清，穿泰山西北谷，越长城之限，至于泰安。是月丁未，与知府朱孝纯子颍由南麓登。四十五里，道皆砌石为磴，其级七千有余。

泰山正南面有三谷。中谷绕泰安城下，郦道元所谓环水也。余始循以入，道少半，越中岭，复循西谷，遂至其巅。古时登山，循东谷入，道有天门。东谷者，古谓之天门溪水，余所不至也。今所经中岭及山巅，崖限当道者，世皆谓之天门云。道中迷雾冰滑，磴几不可登。及既上，苍山负雪，明烛天南。望晚日照城郭，汶水、徂徕如画，而半山居雾若带然。

戊申晦，五鼓，与子颍坐日观亭，待日出。大风扬积雪击面。亭东自足下皆云漫。稍见云中白若摴蒲数十立者，山也。极天云一线异色，须臾成五采。日上，正赤如丹，下有红光动摇承之。或曰，此东海也。回视日观以西峰，或得日或否，绛皓驳色，而皆若偻。

亭西有岱祠，又有碧霞元君祠。皇帝行宫在碧霞元君祠东。是日观道中石刻，自唐显庆以来；其远古刻尽漫失。僻不当道者，皆不及往。

山多石，少土。石苍黑色，多平方，少圜。少杂树，多松，生石罅，皆平顶。冰雪，无瀑水，无鸟兽音迹。至日观数里内无树，而雪与人膝齐。

桐城姚鼐记。

《登泰山记》全文仅 400 多字，语言简洁精炼，由下到上、由近及远描写了雪中泰山和日出泰山的壮丽景象。"乘风雪""历齐河""穿泰山西北谷""越长城""至于泰安"，一连串动词，干净利落，可见姚鼐急切登山的激动心情。

然而一路上迷雾冰滑，石阶几乎无法攀登。终于登上山顶，境界壮阔、如诗如画。姚鼐眼前的泰山是"苍山负雪"，是"白若摴蒲"，一派巍峨肃穆气象。登顶泰山，雪舞苍茫，寄情山野，以解千忧。

日出泰山

雪中泰山

日出泰山，那是"云一线异色""正赤如丹"，那是"红光动摇""绛皓驳色"，旭日升腾、变幻莫测，气势磅礴又温暖明亮，那是欣喜与希望。在人生艰难的时刻登上负雪的泰山，幸而山川有情，能抚平伤痛。安静从容的山脉、壮美开阔的日出让饱受煎熬的姚鼐获得了心灵的慰藉。从此，姚鼐开始了人生的新篇章，效仿孔圣人开设讲堂，用一言一行普度世间千万桃李。

写泰山的游记散文中大都展现了作者攀登游览泰山的全过程，如杜仁杰的《东平张宣慰登泰山记略》，王世贞的《游泰山记》；还有一些文人针对泰山的某个景点加以摹写，如徐琰《萃美亭记》，蒲松龄《秦松赋》等。这类山水游记在优美和谐的意境中被文人们赋予一定的精神思想，将个人的体悟情怀与自然山水融在了一起。

三、精神的高峰

巍巍泰山，五岳独尊。泰山于中国人而言不仅是奇松怪石、云海玉盘、旭日东升，更是不惧挑战的攀登意志、勇挑重担的责任担当，是重于泰山的价值取向、不让土壤的博大胸怀，以及国泰民安的民族夙愿。

（一）行走的脊梁

一条扁担，两根绳子，挑山工靠着一副厚实的肩膀和双脚的无数次起落，踏上一个又一个石阶，披星戴月，负重前行。

青年时期的冯骥才曾到泰山写生，当时的挑山工给冯骥才留下了很深刻的印象，促使他完成了《挑山工》散文和绘画作品。

挑山工

在泰山上，随处都可以碰到挑山工。他们肩上搭一根光溜溜的扁担，扁担两头的绳子拴着沉甸甸的货物。登山的时候，他们一只胳膊搭在扁担上，另一只胳膊随着步子有节奏地一甩一甩，使身体保持平衡。他们的路线是折尺形的，从台阶的左侧起步，斜行向上，登上七八级，到了台阶右侧，就转过身子，反方向斜行，到了左侧再转回来，每一次转身，扁担换一次肩。他们这样曲折向上登，才能使挂在扁担前头的东西不碰在台阶上，还可以省些力气。担了重物，如果照一般登山的人那样直上直下，膝盖会受不住的。但是路线曲折，就会使路线加长。挑山工登一次山，走的路程大约比游人多一倍。

奇怪的是挑山工花的时间并不比游人多。你轻快地从他们身边越过，以为把他们甩在后边很远了。你在什么地方饱览壮丽的山色，或者在道边诵读凿在石壁上的古人的题句，或者在喧闹的溪流边洗脸洗脚，他们就会不声不响地从你身旁走过，悄悄地走到你的前头去了。等你发现，你会大吃一惊，以为他们是像仙人那样，是腾云驾雾赶上来的。

有一次，我同几个画友去泰山写生，就遇到过这种情况。我们在山下买登山用的青竹杖，遇到一个挑山工，矮个子，脸儿黑生生的，眉毛很浓，大约四十来岁，敞开的白土布褂子中间露出鲜红的背心。他扁担一头拴着几张木凳子，另一头捆着五六个青皮西瓜。我们很快就越过了他。到了回马岭那条陡直的山道前，我们累了，舒开身子躺在一块被风吹得干干净净的大石头上歇歇脚。我们发现那个挑山工就坐在对面的草地上抽烟。随后，我们跟他差不多同时起程，很快就把他甩在后边了，直到看不见他。我们爬上半山的五松亭，看见在那株姿态奇特的古松下整理挑儿的正是他，褂子脱掉了，光穿着红背心，现出健美的黑黝黝的肌肉。我很惊异，走过去跟他攀谈起来，这个山民倒不拘束，挺爱说话。他告诉我，他家住在山脚下，天天挑货上山，干了近二十年，一年四季，一天一个来回。他说："你看我个子小吗？干挑山工的，给扁担压得长

不高，都是又矮又粗的。像您这样的高个儿干不了这种活儿，走起路晃悠！"他浓眉一抬，咧开嘴笑了，露出洁白的牙齿。山民们喝泉水，牙齿都很白。

谈话更随便些了，我把心中那个不解之谜说了出来："我看你们走得很慢，怎么反而常常跑到我们前头去了呢？你们有什么近道吗？"他听了，黑生生的脸上显出一丝得意的神色。他想了想说："我们哪里有近道，还不和你们是一条道？你们走得快，可是你们在路上东看西看，玩玩闹闹，总停下来呗！我们跟你们不一样。不像你们那么随便，高兴怎么就怎么。一步踩不实不行，停停住住更不行。那样，两天也到不了山顶。就得一个劲儿往前走。别看我们慢，走长了就跑到你们前边去了。你看，是不是这个理？"

我心悦诚服地点着头，感到这山民的几句朴素的话，似乎包蕴着意味深长的哲理。我还没来得及细细体味，他就担起挑儿起程了。在前边的山道上，我们又几次超过了他；但是总在我们留连山色的时候，他又悄悄地超过了我们。在极顶的小卖部门前，我们又碰见了他，他已经在那里交货了。他憨厚地对我们点头一笑，好像在说："瞧，我可又跑到你们前头来了！"

从泰山回来，我画了一幅画——在陡直的似乎没有尽头的山道上，一个穿红背心的挑山工给肩头的重物压弯了腰，他一步一步地向上登攀。这幅画一直挂在我的书桌前，因为我需要它。

——冯骥才《挑山工》

作者冯骥才并没有把笔墨集中在泰山的美景奇观上，而是转向泰山挑山工。趁着挑山工休息的时候，作者顺藤摸瓜问出了他心中的疑问，得出的答案就是挑山工们需要脚踏实地地往上走，目标坚定，步履沉稳。他们这种坚持不懈、吃苦耐劳的精神，他们积极乐观的生活态度，朴素与坚韧，深深地震撼了作者。

泰山挑山工自古就有，他们用自己的劳动创造了山顶建筑极致的美，从通天街到玉皇顶、从塔桥楼阁到宫亭祠观，他们用自己的汗水给游客提供了充足的物质保障。他们勤劳质朴，始终怀着对美好生活的向往；他们心无旁骛、坚守信念，

泰山挑山工

不为风景所惑，不为风雨所动。他们脚踏实地、勇挑重担，一步一个脚印，咬紧牙关奋力攀登。他们是泰山的象征，更是中华民族精神的象征。

（二）泰山颂歌

泰山不仅是融自然景观与人文景观于一体的伟大艺术品，更是中华民族的精神家园。国学大师季羡林先生也有着深厚的"泰山情怀"，他曾说："如评国山，非泰山莫属。"1999年，季羡林在论及泰山精神时说："泰山充分表现了'天人合一'的精神。人们一登上泰山，就会感到天人浑然一体，人天相爱。"他指出泰山以"青"欢迎了人，人以"爱"还给了泰山。并说："任何山不管它有多高，像泰山那么多值得信念的东西是没有的，自古以来，中国的甚至是世界的伟大文学家大都对泰山有深刻理解……泰山的地位，在历史上、政治上、佛教史上和文学艺术史上……任何山是比不上的。"

季羡林先生在94岁高龄时写下《泰山颂》。

泰山颂

季羡林

巍巍岱宗，众山之巅。雄踞神州，上接九天。

吞吐日月，呼吸云烟。阴阳变幻，气象万千。

兴云化雨，泽被禹甸。齐青未了，养育黎元。

鲁青未了，春满人间。星换斗移，河清海晏。

人和政通，上下相安。风起水涌，处处新颜。

暮春三月，杂花满山。十月深秋，层林红染。

伊甸桃源，谁堪比肩。登高望岳，壮思绵绵。

国之魂魄，民之肝胆。屹立东方，亿万斯年。

　　著名美学家、书法家杨辛教授（1992年—2024年）曾40余次登上泰山，从事泰山美学研究30年，有着浓厚的泰山情怀。1986年，杨辛教授在参与泰山申报世界文化与自然遗产中论证泰山文化价值的工作，他负责泰山美学价值的研究，撰写了《泰山的美学考察》。1999年，他亲笔书写的诗作《泰山颂》刻于南天门景区。

杨辛《泰山颂》（草书）刻于南天门

泰山颂

杨辛

高而可登，雄而可亲。松石为骨，清泉为心。
呼吸宇宙，吐纳风云。海天之怀，华夏之魂。

泰山岩岩，拔地通天，吞云吐月，变幻万千。两位大家都写到了泰山的雄壮之姿，同时泰山也如母亲一样"养育黎元""春满人间"，虽然高大雄伟，但也不乏亲切和蔼，包容一切。泰山既有"松石为骨"，又有"清泉为心"，凛然正气、生生不息，可谓"国之魂魄，民之肝胆"。千百年来，泰山以其深邃厚重的文化内涵和伟大的象征意义深深扎根于中华儿女的心灵深处，形成了中华民族的精神家园。

第二节
书法之山

泰山，这座雄伟壮丽的自然景观，也是中华文化的重要象征。而在泰山的历史长河中，书法艺术也占据了重要的地位。

泰山书法最早可以追溯到原始社会时期，那些刻在岩壁上的原始符号和图案，可以说是泰山书法的雏形。春秋战国时期，泰山石敢当的雕刻开始流行，这些形象生动的石刻艺术品，成为泰山书法艺术的重要载体。

秦汉时期，泰山成为神仙文化的圣地，各种神祇形象和祈福语被镌刻在石碑上，形成了独具特色的泰山碑刻。这些碑刻以其独特的书法风格和深刻的文化内涵，成为泰山书法历史的重要组成部分。

隋唐时期，泰山书法迎来了繁荣期。许多文人墨客纷纷前往泰山，留下了许多珍贵的墨宝，其中唐玄宗的《纪泰山铭》石刻尤为引人注目。这件石刻作品刻

于泰山顶的大观峰崖壁上，是唐玄宗封禅泰山后亲自撰书并刻制的。它不仅是一件重要的历史文物，也是研究唐代书法艺术和封禅历史的宝贵资料。其笔法雄浑，气势磅礴，将泰山之伟岸与书法之美融为一体。

到了宋代，泰山石敢当的雕刻技艺更加精湛，各种祈福、吉祥的图案和文字被巧妙地雕刻在石敢当上，形成了独具特色的泰山石敢当书法。这些石刻艺术品不仅具有极高的艺术价值，更承载了深厚的历史文化内涵。

明清时期，泰山书法继续发展。许多文人墨客纷纷为泰山题词、题匾，留下了许多珍贵的墨宝，成为泰山文化重要的组成部分。

如今，泰山书法已成为展示中华文化的一张名片，吸引了无数国内外游客前来观赏和品味。在泰山上，我们可以看到各种风格的书法作品，如摩崖石刻、碑林、楹联、题词等，这些作品或气势磅礴，或秀美灵动，各领风骚，无不展现出泰山书法的独特魅力。

一、泰山书法大典

打开泰山这本书法大典，涵括了整个中国的书法史，每一页都展示了中国书法艺术形变和一脉相承的发展脉络。泰山这本书法大典，怎么读都精彩，竖读是春秋，横读是沧桑，随便翻到哪一页都是一首水墨交融的交响曲。

泰山的书法艺术，以石头为纸，以锤斧为笔，刻画出了泰山的精神，书写着泰山的故事。每一块石刻，都蕴含着深厚的文化内涵，每一笔每一画，都充满了情感与力量。它们如同泰山的心灵窗口，透过这扇窗口，我们可以感受到泰山的沧桑历史，触摸到泰山的生命脉搏。

泰山是世界上石刻最多的名山，是与西安碑林、曲阜碑林并列的中国三大石刻群之一。泰山石刻秦篆汉隶、北齐石经、明清行草、历代榜书题刻，诸体详备。煌煌几千件碑刻，构成了浩大的泰山石刻书法奇观，几乎涵盖了整个中国书法史，不同时代、不同书家、不同风格的书法珍品荟萃泰山，展示了中国书法艺术的发展脉络，具有很高的历史文物价值和书法艺术价值。

这些石刻有的是帝王亲自提写的，有的出自名流之手，有的是布衣之作，大都文辞优美，书体高雅，制作精巧。

泰山现存最早的刻石之一是秦始皇及秦二世的刻石，相传是秦丞相李斯篆书，至今仅存秦二世诏书中的十个字。汉朝以后，历代帝王在泰山举行封禅大典，文人墨客纷至沓来，在泰山及其周围留下了成千上万的碑刻、题名。

据统计，泰安境内现存石刻 9000 余处，泰山及周围地区有 6000 多处石刻，其中泰山现存 2516 处石刻中有碑刻 500 余座，摩崖题刻 800 余处，汇集了中国 2200 多年的历史、16 个朝代的碑刻。因此，有人将泰山誉为"中国刻石博物馆"。

走进泰山，就是走进历史长河，走进中国书法艺术的宝库！

二、会说话的石头

如果石头会说话，那一定会给你讲一讲"封泰山碑"，米芾的"第一山"、经石峪《金刚经》摩崖石刻，唐玄宗的《纪泰山铭》，"虫二"的无边境界和"五岳独尊"的前世今生。

（一）泰山石刻的滥觞

李斯碑又称"泰山刻石""封泰山碑"，四面刻字，在山东泰安岱庙，现仅存 10 字（即"斯臣去疾昧死臣请矣臣"）。李斯碑是秦始皇封禅泰山留存至今的唯一实物，是泰山现存最早的刻石，更被世人誉为"天下名碑之最"，堪称稀世珍宝。

泰山刻石立于始皇二十八年（前 219 年），是泰山最早的刻石，四面环刻。前三面是前 219 年秦始皇东巡泰山时所刻；第四面是秦二世胡亥即位第一年（前 209 年）刻制。刻石四面广狭不等。两刻辞均为李斯所书。

泰山刻石用笔精美，平稳流转，骨肉匀称，含蓄委婉，气魄宏大，简洁明快。与先秦书法相比，秦小篆行笔粗细大体相同，横平竖直，转折处极为流利飘逸，无生硬之笔。委婉含蓄中自有骨力丰沛之气。恰如唐代张怀瓘在《书断》中所说的"画如铁石，字若飞动"，"其势飞腾，其

李斯碑（编者供图）

形端俨"，"作楷书之祖，为不易之法"。同时结体整齐划一，力求平正对称，横密纵疏，端庄雄伟，隐隐然又有秀丽之气。书体上，比以前的甲骨文、金文以至《石鼓文》更为简练、规范化。其一，保留着象形文字的某些特点，着重突出圆笔曲线之美。其二，充分发挥了汉字特有的美，具有装饰美的意味。线条整洁协调，改变了以前繁杂交错的形式，书写形式走向规律化。其三，力求严格的平正对称，工整精致，大小相仿，面目十分突出。其四，横密纵疏，充分表现了篆书的形体特征，使其在雄伟之中产生一种秀丽之气，婀娜飘逸。其五，分布严格，空间层次以相距的对应关系，以严格的规则，给人以美，又示人以庄严。

文化漫游

嘉庆二十年（1815年），泰安旧尹蒋因培带领同邑柴兰皋在山顶玉女池中搜得残石2块，尚存10个字，遂将残碑嵌于岱顶东岳庙壁上。清道光十二年（1832年），东岳庙墙坍塌，泰安知县徐宗干"亟索残石于瓦砾中"，嘱道刘传业将残石移到山下，嵌置在岱庙碑墙内，并写跋记其经过。光绪十六年（1890年），石被盗，县令毛大宴十，得石于城花门桥下，后重置于岱庙院内。宣统二年（1910年）知县俞庆澜为防刻石遭风雨剥蚀，在庙环咏亭造石屋一所，将秦泰山刻石及徐宗干的跋和自己写的序共3石嵌于石屋内，周围加铁栅栏保护。1928年迁于岱庙东御座内，修筑一座门式碑，将以上3石垒砌其中。中华人民共和国成立后，于碑龛正面镶装玻璃保护。

（二）到底谁是第一

在泰山岱庙的汉柏院内，米芾的碑刻"第一山"，磅礴而立。当人们看到米芾的这三个字，定会深切感受到米芾对于泰山的推崇。苍劲有力的"第一山"闪烁着米芾的充沛情感。

米芾（1051年—1107年），北宋著名的画家、书画理论家，四大书法家"苏黄米蔡"之一。有真才实学并且怪诞不羁，平日多玩石赏砚、钻研书画，达到如痴如醉的境地，以至于举止多癫狂。

《宋史·米芾传》记载："无为州治有巨石，状奇丑，芾见大喜曰：'此足以当吾拜！'具衣冠拜之，呼之为兄。"米芾在无为时，见到奇石大喜，整理衣冠行礼拜石，并同奇石称兄道弟，被人称为"米癫"。

米芾的"第一山"碑刻上，"第"字运笔流畅，生动活泼；"一"字壮硕遒劲，快笔刷成；而"山"字则稳重坚实，力托二字。整体一气呵成，有行云流水之感。但是，如果仔细观察，你会发现碑上仅留有米芾的名款，而没有题写时间。如果再绕到后面看，碑阴题写"树种汉时集经石峪"，碑阳和碑阴内容并不连贯。

"第一山"题刻碑（岱庙汉柏院内，编者供图）

泰山中路盘山道右侧石刻"天下名山第一"

有趣的是，在峨眉山，也有米芾题写的"第一山"。不仅如此，在武当山，在终南山，都能看到米芾题写的"第一山"。

经过考证，发现国内配有米芾"第一山"碑刻、摩崖的名山不下 10 座，还有河南嵩山、江西庐山等，字体极似，并且均只落名款。

在同一个人眼里，怎么会有这么多座第一山？那米芾的"第一山"到底是写给哪座山的呢？

比较靠谱的说法是，"第一山"是写给少岱山的。少岱山在山东平阴县东阿镇，山南北走向，长仅一公里、海拔不到百米。少岱山是泰山余脉的西延尽头，在黄河东岸，向西即是一望无垠的鲁西大平原。

米芾为什么会用如此大的气力来称赞少岱山？据说，米芾和苏轼的交情甚厚。东坡先生被贬在山东诸城任太守时，闲暇之余经常出游名山，苏轼游玩少岱山时，邀请米芾做的题刻，米芾大方题赞"第一山"。

据说，20 世纪 50 年代初，少岱山庙宇人为拆除，"第一山"碑被送岱庙，幸免于难，准确度存疑。可以肯定的是，岱庙汉柏院的"第一山"不是原件，而是 1965 年据拓片复制而成。

（三）大字鼻祖

《泰山经石峪金刚经》又名《泰山佛说金刚经》《泰山经石峪》，著名摩崖刻石，刻于泰山南麓斗母宫东北一公里处的花岗岩溪床之上。刻石南北长 56 米，东西宽 36 米，2000 多平方米，是汉字刊刻面积最大的摩崖刻石。刻石上的经文为《金刚般若波罗蜜经》，原经文分上下两卷，32 篇，5198 字。

《泰山经石峪金刚经》镌刻了《金刚般若波罗蜜经》第一篇至第十六篇，计 3017 字。因年代久远，加之溪水冲刷，沙石磨损，据民国初年拓本计，存 1000 字左右，40 行，其中还有未完工的半成品"双勾"字。《泰山经石峪金刚经》无题记和刊刻年月，也无书者姓名，因笔法与山东邹县尖山摩崖《晋昌王唐邕题名》相近，后人或以为唐邕所书；又与山东泰安境内徂徕山《徂徕山大般若经》相似，该经上有"齐武平元年王子椿造"字样，后人又有推测其为王子椿所书。《泰山经石峪金刚经》书体雄浑，古拙朴茂，端庄安详，以隶为主，兼有楷、行、草、篆意。为历代书家所推崇，被冠以"大字鼻祖""榜书之宗"的美称。

《泰山经石峪金刚经》摩崖石刻（局部）

《泰山经石峪金刚经》摩崖石刻拓本（局部）

（四）唐玄宗与《纪泰山铭》

《纪泰山铭》位于岱顶大观峰崖壁上，唐开元十四年（726年）刻，唐玄宗李隆基撰并书。李隆基开创了"开元盛世"，于725年初冬来到泰山举行封禅大典，次年将自己撰写的《纪泰山铭》刻于岱顶大观峰。

《纪泰山铭》是唐玄宗的精心之作，颇有盛世帝王的宏大气象，为汉以来碑碣之最，堪称帝王第一刻。它矗立于泰山之巅大观峰，"文词雅训，隶书遒逸，碑刻体伟幅巨，金光夺目"（《纪泰山铭》）。

《纪泰山铭》石刻

《纪泰山铭》用笔结体严谨规矩、端正大方，点画用笔运以楷法，但结字时用篆法，藏锋圆笔，含蓄厚重；细品之，则平正中有险绝，锋芒毕露，活泼生气随处可见。总之，《纪泰山铭》充满着浓厚的盛唐气息：肥厚雍容，不乏高贵华丽气度，且蕴含六朝风骨，融百家为己

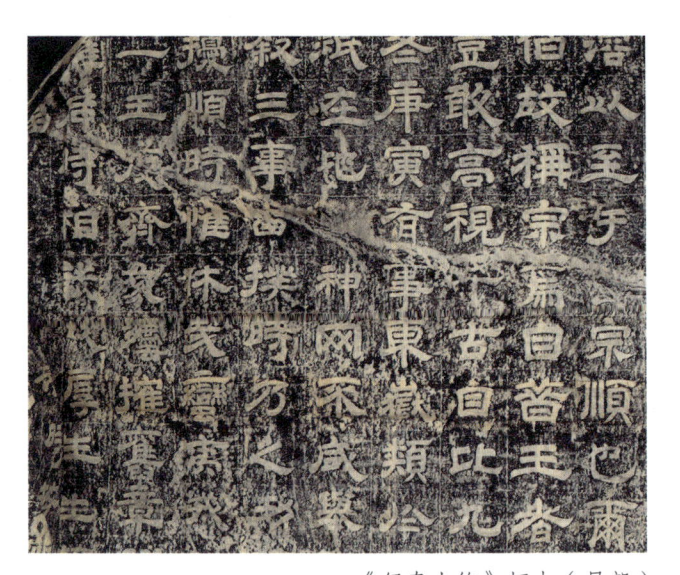

《纪泰山铭》拓本（局部）

质，集庄重、桀骜、灵气于一体，是唐代隶书中的经典之作。

（五）五岳独尊

拾级而上，于泰山极顶玉皇阁下路旁，有一个托起一座山的石刻——五岳独尊。

五岳独尊石刻

历经百年沧桑的"五岳独尊"四个字是正楷书体，系清光绪三十三年（1907年）由泰安府宗室玉构题书。"五岳独尊"景观石群位于泰山极顶（玉皇庙东南）去往玉皇顶的必经之路上，摩崖高210厘米，宽65厘米，每个大字高55厘米，宽42厘米。在其右侧有楷书"昂头天外"题刻。

2004年11月起，泰山景区对"五岳独尊"景观石群进行保护整修。泰山上共有2000多处石刻，其中"五岳独尊"是众多古迹石刻中最具代表性的杰作之一。

"五岳独尊"高度概况了泰山的地位，其苍劲有力的字体，得天独厚的地理位置，成为泰山的标志性景观，无数慕名而来者争相来此打卡拍照。泰山高不及北横，秀不如南横，峻也不险于华山，究竟为何能成为五岳独尊？

据神话传说，泰山源自盘古开天辟地，盘古开天时身体留在天地之间，腹为中越，左臂为南岳，右臂为北岳，足为西岳，身体的头向着东方，即为东岳，所以泰山就自然成了五岳之首。这是根据五行五德学说而来的神话故事，反映了泰山独尊五岳的历史背景。

（六）风月无边

"虫二"石刻在泰山万仙楼北侧盘路之西，泰山七十二景之一，是清光绪二十五年（1899年）历下才子刘廷桂题镌的。刘廷桂，外号"刘十二"，因12岁考中秀才而得此号。

"虫二"是泰山石刻中为数不多的字谜之一，它是由风的繁体字"風"以及"月"字去掉边框所得，寓意为"风月无边"，其真正内涵是说泰山风光的幽静秀美和雄浑深远。这样的书法构思可谓精深独特，别出心裁。以当代人的眼光看，这一石刻是现实主义与浪漫主义相结合的佳品，具有极高的审美价值。

以"虫二"隐喻泰山景观"风月无边"，其表达形式简练精确，情感抒发细致入微，把作者对于泰山风光的眷恋情绪表现得淋漓尽致，恰到好处。刘廷桂留在泰山上的书法刻石作品大约有数10幅，"虫二"是他的代表作之一。这幅刻石为行书，笔力沉稳挺拔，豪情昂扬，两字之间，动静相宜，前呼后应，蕴意无穷。

"虫二"石刻（编者供图）

关于"虫二"的来历，在民间还有一些传说，比较公认的一种传说，是刘廷桂在与朋友游览泰山时，谈到杭州西湖的那座"无边风月亭"，刘廷桂不以为然，认为泰山景色峻拔奇峭，松壑云深，才是真正的"风月无边"。于是，为了与杭州的"无边风月亭"有所区别，刘廷桂在书写这幅作品时，有意舍弃了两字的部首，只写了字芯。

泰山的"虫二"的典故，让泰山又多了几分浪漫主义情怀。石刻书法，是泰山的文化印记，是泰山的精神象征。它们以坚定的姿态，伫立在泰山之巅，见证了泰山的岁月变迁，承载了泰山的信仰与梦想。它们以浪漫的笔触，抒写着泰山的壮丽风光，传递着泰山的精神力量，带领我们穿越历史的长河，领略泰山的辉煌与传奇。

第三节

玉润泰山①

泰山玉，伴随泰山而生，几乎与泰山同寿，经历上亿年的沧海桑田，凝岁月之结晶，浸润五千年文明涵养，吸引着无数文人墨客和玉石爱好者前来探寻和品鉴。

玉出泰山，是大自然的恩赐，也是人类的福祉。

一、聆听玉的诉说

泰山玉历经风霜雨雪，沉淀了岁月的痕迹，每一寸都蕴藏着古老的故事和无尽的智慧。聆听泰山玉的诉说，仿佛就是一场与千古灵石的深度对话。

（一）历史的回响

五千多年文明史悠悠流转，与亿万年铸就的泰山玉交相辉映，共同编织出一幅幅绚丽多彩的历史长卷。据历史考证，早在新石器时代晚期，汶水之滨的大汶口先民就已经掌握了泰山玉的开采与加工技术，他们将珍贵的玉石雕琢成碧玉铲、臂环、佩饰等艺术品和劳动工具。这不仅展现了先民们高超的技艺与审美情趣，而且见证了泰山玉与人类文明发展的深厚渊源。这些工具和佩饰，以其独特的材质、精湛的工艺和深厚的文化内涵，成为目前发现的最早的人工雕刻泰山玉成品之一，它们在岁月的长河中静静诉说着泰山玉与中华文明的不解之缘。

大汶口遗址出土玉铲

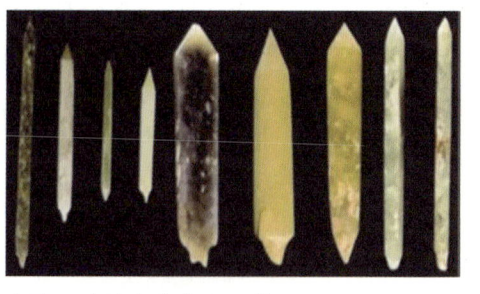
大汶口遗址出土泰山玉器

---

① 本节中的所有图片由编者提供。

从炎帝开始，历史上总共有72位君王来泰山封禅，而君王封禅时所用的礼器，很多都是由泰山玉制作。历史上最早出现的关于泰山玉的记载之一，见于春秋名著《山海经·东山经》，泰山"其上多玉，其下多金……环水出焉，东流注入汶，其中多水玉"。简短的文字，道出了泰山山脉玉石较多、玉质古老的特点。

《尚书·禹贡》记载："岱畎丝、枲、铅、松、怪石……浮于汶，达于济。"这段文字记录的是为庆祝大禹治水成功，泰安的百姓把丝绸、松树、奇石等特产装在一起，通过汶水漂浮，一直送到济南的故事。奇石之中就包含了泰山玉，这就能推测出当时的人们已经发现了泰山玉的价值，把泰山玉作为礼物送给治水有功的大禹。

西汉刘向在《淮南子·览冥训》中，记载了女娲补天的故事，"女娲炼五色石以补苍天"。传说女娲看到她的子民们陷入巨大灾难之中，决心炼石以补苍天。于是她周游四海，遍涉群山，最后选择了离东海最近的泰山，在东海天台山筑炉，取泰山彩石涧五色石炼石补天。最后留了一块五色石在彩石涧附近的界首村和石腊村，便有了现今的泰山玉。

曹植游泰山的诗句"玉石扬华英"就是对泰山玉的赞誉。曹植曾被分封为东阿王，东阿离泰山很近，从泰山往西去不足70公里，"玉石扬华英"应是曹植的真实见闻。一首诗让曹植成为泰山玉在魏晋时期就已经存在的见证人。

此外，五代时期，道书《福地记》中曾记载："泰山多芝草、玉石。"直到清人撰写的《五岳志》，还有"泰山方圆四十四，多芝美玉石"的记载。

泰山玉是神山泰山的恩赐，是天地精华的结晶，时间与岁月的精华。泰山玉的发展历史是一部充满传奇色彩的史诗，从古代的辉煌到明代的沉寂，再到今天的弥足珍贵，泰山玉始终以其独特的魅力和深厚的文化内涵吸引着人们的目光。

（二）疯狂的石头

泰山玉恰如一位时间的使者，承载着厚重的历史，静静地讲述着地球古老的故事。今天，泰山玉又以新的姿态，走进了我们的现代生活，焕发着青春的光彩。泰山玉是一种既古老又年轻的玉。说它古老，是因为泰山玉距今约26亿年，是迄今为止国内发现的形成年代最古老的玉种之一，它历经漫长岁月的地质变迁，承载着丰富的历史与文化内涵。然而，泰山玉矿在20世纪80年代才被发现，这也是说它年轻的原因。

2009 年，作为一个新玉种，泰山玉被正式保护开发，且有计划地进军中国珠宝玉石市场。抛开专业生僻的地质学术语，通俗来说，泰山玉产于山东省泰安市泰山山脉西麓，矿体成西北—东南走向，总长度约 1100 米，探明总玉石量为 270 多万吨。

2012 年，首次泰山玉原料公盘交易开锣，一块 80 斤玉料成交价 20 万元，泰山玉真的成了"疯狂的石头"。

泰山玉的种类繁多，各有特色，它们的硬度是 4.5—6，相对密度是 2.53—2.85，半透明到微透明。常含有磁铁矿的小黑斑，也时见有粒径较小的星散分布的黄铁矿，这些黄铁矿在抛光后闪现点点金光，更添几分美色。根据泰山玉的颜色、杂质成分、显微结构等特征，泰山玉可分为四类：泰山墨玉、泰山碧玉、泰山花斑玉、泰山紫金玉。

泰山玉原石　　　　　　　　　　　　泰山玉原石

1. 泰山墨玉

色黑如墨，纯正而无杂色，质地细腻均匀不透明，反光性较好，有油脂光泽，呈纤状至鳞片状变晶结构，其深沉的色泽宛若朗朗夜空，神秘而幽遽。

2. 泰山碧玉

绿如夏荷，颜色从浅绿到深绿不等，有的还带有白色或黑色的纹理，质地晶莹而细腻，半透明，有油脂光泽，呈纤状至鳞片状变晶结构。在整个泰山玉的家族里，泰山碧玉是最为名贵的一种，其无杂质极品玉料可与和田碧玉媲美。每一块泰山碧玉都独具特色，清新自然，宛如江南烟雨朦胧而婉约。

3. 泰山花斑玉

大部分为墨绿色，质地较均匀，致密而细腻，呈半透明状，有油脂光泽，呈纤状至鳞片状变晶结构。泰山花斑玉表面布满了各种颜色的斑点和纹理，独特的色彩变化犹如岁月流转，留下的斑驳痕迹，显得古朴典雅。

4.泰山紫金玉

红紫透叠或褐黄搭配，呈半透明至微透明状，质地细腻致密，有油脂或玻璃光泽。泰山紫金玉是泰山玉的变种，因其产生的条件比较苛刻和偶然，具有极高的收藏价值。

"玉不琢不成器"，一块上等的美玉只有经过琢磨打造，才能显现出它的价值。今天，在技艺高超的匠人手中，一块块泰山玉石被赋予了新的生命和形态。它们或成为精美的摆件，或成为实用的器皿，无论是哪种形式，都散发着迷人的光彩。经过艺术加工之后的泰山玉在给人们带来美感的同时，也丰富了泰山文化。如，有用泰山玉做成的大型雕刻作品《云起岱宗》，也有较小的泰山玉真形图吊坠、泰山玉扣、泰山玉砚台、泰山玉印以及各种泰山玉生活用品等，这些产品越来越受到市场欢迎。

泰山玉车挂

"云起岱宗"大型雕刻作品

"绿水青山"玉石微刻

泰山墨玉手链

泰山碧玉

泰山花斑玉　　　　　　　　　　泰山紫檀玉

　　每一块泰山玉石，都仿佛有一个独特的故事，等待着我们去发掘。踏足泰山之巅，感受那浩渺的山川之气，仿佛能听见远古的回响，而泰山玉石，便是这山川之魂，凝重典雅，熠熠生辉。

二、玉石之品

　　玉是中国文化中极具特色的一个符号。玉文化作为中华文明的瑰宝，绵延万年发展至今，不仅深深植入中国人的生活、认知和信仰，也成为延续文明血脉的物质载体，滋养了中华民族的精神品格。古人云："玉，石之美者。"汉字造出从"玉"字旁的有500多个，而用"玉"组词更是不计其数，"玉"字在中国人的心目中是一个美好而高雅的字眼。

　　古代关于"玉"的故事、成语典故比比皆是，它们展现了中国玉文化的深厚底蕴与广泛影响。比如，《史记》中的"完璧归赵"讲述了蔺相如以非凡的勇气和智慧保全和氏璧，彰显了玉之贵重与国家的尊严；成语"宁为玉碎，不为瓦全"，其意为宁愿为正义事业而死，决不苟且偷生。《左传·僖公十五年》中"化干戈为玉帛"的典故，寓意着以和为贵，用玉器和丝织品化解战争，体现了玉作为和平使者的角色。古人将玉视为身份与地位的象征。比如，出自《古今注·舆服》的"金枝玉叶"，后用来形容皇族贵胄的高贵身份；古典名著《红楼梦》以宝玉、黛玉、妙玉等人物为主体，以"通灵宝玉"为主线，讲述了一个动人心扉、充满悲欢离合的爱情故事。这些成语、典故与名著，如同一条条历史的长河，流淌着玉文化的深邃与广博，体现着中国人对玉的特殊喜爱之情。玉文化、玉文明形成一种强大的认同和凝聚力，这种共同信仰也在一定程度上促成了中华民族共同体的形成。

玉，是文人雅士案头的清供，寄托着他们高洁的情操与超脱的情怀；玉，是民间百姓胸前的挂饰，承载着他们对美好生活的向往与祈愿；玉，更是中华民族精神的象征，代表着坚韧不拔、温润如玉的民族性格。

春秋齐国国相管仲曰玉有"九德"，是历史上第一个对玉德进行系统的论述的人。管仲去世100多年后，孔子在管仲的"玉的九德"的基础上，对玉德进行了更加深入的阐述，提出了玉有"十一德"。

由于管仲、孔子的大力推崇，使玉在传统文化中的地位几乎无与伦比。东汉著名经学家和文字学家、《说文解字》作者许慎在研究管仲和孔子的玉德学说的基础上，结合汉代玉的发展，提出了玉的"五德"说。许慎的玉之"五德"——仁、义、智、洁、勇，是历史上对玉德的最终诠释。

以美玉之质比君子之德，儒家思想对玉赋予了道德内涵并做出了精辟的诠释。儒家认为，玉既是完美天赋的象征，那么人就应该依照它的属性来完善自我。孔子说"君子比德于玉""君子无故玉不去身"，将君子的人格比拟为美玉。

泰山玉作为玉石大家庭的一员，虽是"后起之秀"，但备受青睐。泰山玉的价值，不仅仅在于其外在的美观，更在于其内在的品质。它坚硬而温润，光泽而内敛，象征着坚韧不拔、温润如玉的品格。根据玉的"五德"说，泰山玉在此基础上也形成了自己的品格特点，即"温、肥、厚、净"四个特征，这不仅是对其物理特性的描述，更与儒家玉文化思想中的诸多理念相契合。

温：润泽以温，不强不争。泰山玉色泽通透，触之不冷硬，优质的泰山碧玉在强光照射下呈现出独特的深海绿色，硬度适中带有一种温暖的气息。这种温润之感，正是泰山玉独有的魅力之一，也体现了"比德如玉"的儒家思想。

肥：柔和若脂，油光四射。泰山玉油性较大，油脂感较强。这种特性与儒家文化中的"柔和、圆润"之美德相呼应，然柔和并非软弱，而是一种深沉而持久的力量。

厚：厚重如山，深沉似海。泰山玉是由富铁镁的超基性岩浆岩变质形成的，其颜色厚重，宝光内敛"玉看不透"是它的最大特点。这种厚重的特质恰好与儒家文化中重视厚重、深沉的人格品质和道德修养相吻合，体现了深沉、内敛的人格魅力。

净：鲜而不垢，瑕适皆见。泰山玉虽然外表看似黑乎乎，但其内部结构非常洁净，磁铁矿颗粒清晰可见。这种净的特性，与儒家文化中的"纯洁无瑕、清澈透明"的思想相呼应。

泰山玉，以其独特的纹理和色泽，彰显出深沉、稳重的气质。它不仅仅是珍贵的玉石，更是君子品质的载体，忠诚、坚毅、智慧、谦虚、担当。这些品质不仅仅是一种精神追求，更是人生哲理和处世智慧。

见山，敬畏自然的雄伟与壮丽；见玉，品味文化的深邃与博大。在历史的长河中，泰山玉吸纳了数十亿年天地之灵气、日月之精华，它不仅承载了中华传统玉文化之精髓，还融汇了泰山数千年的历史与文化，被巍峨的泰山赋予了厚重、平安、灵秀之寓意。它见证了中华文明的形成与发展历程，滋养了中国人的君子品格，寄托了中华民族对平安和谐生活的深切向往。

从意蕴丰富的文学作品，到饱经沧桑的书法碑刻，再到温婉内敛的"通灵"之玉，泰山文脉深深根植于中国历史的演进中，并成为世界文化的重要组成部分，在全球范围内产生了深远的影响。

"泰山不让土壤，故能成其大。"泰山文脉，兼收并蓄，融汇百家之长，凝聚中华民族之智慧与情感，如山间之清流，如晨之阳光，滋养着一个民族的灵魂。

第五章

泰山书院

　　书院是中国古代教育的重要形式之一，起源于唐代，兴盛于宋、元、明、清，对中国古代文化教育、思想传播、学术发展起到了推动作用。

　　坐落于泰山脚下的泰山书院不仅开启了"能使鲁人皆好学"之风，促进了鲁地学风的形成，其学派对宋代思想与文学变革均产生较大推动力，特别是对儒学复兴起到了关键作用，成为理学运动的先驱。自宋至清，千年绵延不绝，古老的泰山书院成为一方之望，名扬天下。

岱顶拱北石与日出

第一节
书院春秋

　　泰山气势雄伟壮观，且不乏深谷幽溪，自古以来就是仙家修炼、读书治学的绝佳圣地。沿泰山南麓普照寺西北行至凌汉峰下，有一座古老的道观，名为栖真观。这里古木参天，溪流潺潺，环境幽静雅丽。唐代诗人周朴曾在此潜心修道。

　　北宋景佑年间，晋中名儒孙复应泰山学者石介之邀至泰山讲学，先在岱庙信道堂，后北徙于凌汉峰下建立"泰山上书院"，后称"泰山书院"。此后，石介亦在故里徂徕山下筑室名为"徂徕书院"，一时四方学子群聚于两大书院，泰山、徂徕书院声名鹊起。欧阳修曾称赞石介，"先生二十年东鲁，能使鲁人皆好学"，这是对泰山书院在教育上贡献的肯定。后来，明代李汝桂的育英书院、宋焘的青岩书院，清代赵国麟的泰山书院、徐肇显的徐公书院、徐大榕的岱麓书院、许莲君的怀德书院、唐仲冕的泰山书院等，都继承了泰山书院教书育人精神，发扬"能使鲁人皆好学"之风。

位于凌汉峰下的泰山书院旧址（编者供图）

泰山书院由孙复和石介于北宋景祐二年（1035年）共同创办，是被欧阳修誉为"宋初三先生"的胡瑗、孙复和石介读书讲学的地方。作为北宋初年山东境内最早、最著名的书院之一，泰山书院在齐鲁大地影响很大，清代全祖望在《宋元学案》卷首说："宋世学术之盛，安定、泰山为之先河，程朱二先生皆以为然。"其中，"安定"，即是胡瑗；"泰山"，即为孙复。孙复、石介、胡瑗等人以儒家理学精神为先导，讲习儒家经典，并广泛开展教育、学术研究与交流活动，对促进泰山乃至山东地区的学术发展、人才培养、改变民风起到了很大作用。

泰山书院开启了宋代古文运动的序幕，对后世产生了深远的影响，从而形成了"泰山学派"。人们将泰山书院的这些儒学先贤们称为学界的"泰山北斗"。孙复和石介的贡献，使得泰山书院成为泰山文化史上的重要篇章，对山东乃至中国思想史、文化史、教育史和政治史的研究具有相当重要的价值。

 **文化漫游**

宋初三先生

泰山书院祭祀着石介、孙复、胡瑗三位宋代理学的先驱，史称"宋初三先生"。三位先生都曾在泰山这个钟灵毓秀之地读书或讲学，创立了影响深远的泰山学派和安定学派。其学说上承孟子、韩愈，"不惑专注，自寻义理"，下启程颢、程颐，开理学之先声。

石介、孙复、胡瑗同为范仲淹门生，后来又长期在国子监共事。石介，字守道，山东泰安人，是北宋初年著名的思想家、教育家。他在宋天圣八年（1030年），考中进士甲科，历任郓州、南京推官，国子监直讲。后回到家乡泰安徂徕山教授《周易》，闻名山东，世称"徂徕先生"。

石介在南京做官时，与潦倒文人孙复一见如故，引为知己。孙复是山西临汾人，年轻时拜范仲淹为师，学识渊博，石介十分推崇他的学问，将其比为管仲、晏婴，后两人携手创建泰山书院，开创"泰山学派"。胡瑗，字翼之，北宋著名教育家。他年少时在泰山游学，后来学成回到江苏主持苏、湖府学，创立"安定学派"，世称"安定先生"。

一、开宗立派

作为儒家道统的坚定维护者，宋景祐二年（1035年）冬，石介在原籍奉符（今山东泰安）筹建书院。他仰慕孙复的学问，请孙复主持书院教学，自己甘愿作其弟子。

起初，书院建在泰安岱庙的汉柏院内，名曰"信道堂"。不久，该堂被并入岱庙，二人又来到泰山南麓，在六朝古刹普照寺西北的栖真观修整房屋、招收生徒，讲授孔孟之道，这就是最初的"泰山书院"。

位于泰山书院内的"侍立石"（编者供图）

孙复后来虽成一代大儒，但那时的他还只是个屡试不第的落魄书生。石介钦佩孙复的才学，拜其为师，执弟子礼甚恭。孔子的第45代孙孔道辅，听到这件事后有点不信，亲自前往书院一探究竟。他看到孙复讲学时，石介执杖侍立在侧，"升降则拜扶之"，这才深信不疑。两位创始人的躬身践行，使尊师重道在书院蔚然成风。

二、重塑学风

北宋开国初期，刚刚结束五代十国的战乱，教育荒弛。加之自魏晋以来士子沉迷谈玄论道，"师道之不传也久矣"。但石介十分推崇韩愈，重视师道，身体力行。他常对弟子说，"后世耻于求师，学者之大弊也"。孙复、石介、胡瑗关注儒学命运，积极入世，力辟佛老，抨击隋唐以来专重辞赋浮华学风和文风。

在泰山书院，孙复、石介二人言传身教，诲人不倦。石介讲《周易》时，每天向他请教经义的学生络绎不绝，石介总是和颜悦色地一一解答，从来没有显露出不耐烦或是疲倦的神色。孙复认为，教化是提升人的素质和修养最重要的手段，儒家要弘扬大道，必先施之于教化。他先后撰写《易说》64篇，《春秋尊王发微》

12 卷，孜孜不倦教化后人。

孙复、石介认为，隋唐以来，专以辞赋取士，造成社会上崇尚浮华文辞、空疏无用的学风。他们主张"文为道用"，文章必须为儒家的道统服务。在治学方法上，提倡独立思考，不拘泥于前代经学家的章句注疏，鼓励学生"不惑传注"，联系时事对儒家经典提出自己的见解，使之前死板保守的治学风气为之一新。

胡瑗在教学中以经义和时务为重点，实行分科教育。他的这种努力，影响了当时学风。胡瑗认为，为国家培养人才，而不只是培养科举应试之才。他先后主持苏、湖两州府学，创立闻名天下的"苏湖教法"，后被朝廷太学所采用。"苏湖教法"的核心是分斋教学法，设经义、治事二斋。

经义斋以研讨儒家经典为主，目的在于培养治国人才；治事斋实行分科教学，有治兵、治民、水利和算数四科，学生需专修一门主科，还要兼修一门副科，以培养专业人才。胡瑗提出"明体达用"的教育宗旨，为后世弟子所信奉，史称"安定学派"。

三、兴盛太学

宋庆历二年（1042 年），石介、孙复先后被友人举荐，到国子监担任直讲[①]，传播泰山书院的学术、道德，对当时的京城才子、达官贵人产生了深刻影响。他们提出放宽太学送考人数等主张，使国子监学生人数从起初的二三十人迅速增至数千人，宋初太学由此兴盛。

宋皇祐四年（1052 年），胡瑗被授予光禄寺丞、国子监直讲之职，专为太学生讲授《五经正义》，他学识渊博，教授得法，吸引大量读书人前来求学听讲。弟子程颐在《回礼部取问状》中记载，"往年胡博士瑗讲《易》，常有外来请听者，多或至千数人"。

以孙复、石介为代表的泰山学派一反汉唐注疏之学的僵化，推动了宋代疑经改经学风的形成，逐渐使汉唐注疏之学转向义理之学。此外，孙复提出"尊王"之议，以明上下之分，正君臣之序；石介高扬儒家之道统；胡瑗创明体达用之学，改变了儒生治经只重训诂的习气。他们的思想为理学的产生奠定了理论基础，并对二程（程颐和程颢）产生了直接影响。

---

① 直讲，官名，也指辅助博士讲授经学。

五贤祠旧址（编者供图）

"三先生"离开泰山后，其弟子们也相继出山为官，泰山书院逐渐停止授业活动，但泰山学风却得以代代流传。

明代嘉靖年间，为了纪念孙复、石介两位先生，人们在这里建祠祭祀，俗称"二贤祠"；明嘉靖十一年（1532年），泰安知州许应元拓修泰山书院，延请名师讲学，同时，金事卢问之在此建仰德堂，祀孙复、石介、胡瑗，称"三贤祠"。清乾隆二十九年（1764年），泰安知府姚立德在泰城上河桥西创办泰山下书院，请唐仲冕前来讲学。清乾隆四十六年（1781年），唐仲冕应泰安州官员邀请，来泰安主持泰山书院。清宣宗道光九年（1829年），泰安知县徐宗干再次重修三贤祠，并增奉明代御史宋焘、清代大学士赵国麟入祠，改称"五贤祠"。清光绪二十六年（1900年），泰安知县朱钟琪在此办学，称仰德书院。民国初年，这里成为退隐爱国将军冯玉祥的讲武堂及读书处。

清嘉庆二年（1797年），泰安知府金棨重修五贤祠时，在五贤祠东侧建造四角攒尖方亭。亭东额题"迎旭"，西额"送爽"，北额"洗心"，取读书可洗心之意，故名"洗心亭"。

洗心亭曾是泰山"宋初三先生"读书、研习学问的地方，亭的四面题有多副对联，有清代贾培荣的"真山水不须图画，大圣贤皆自奋兴"；有"云过峰头

洗心亭（编者供图）

流墨气，水来祠畔度书声""艮止坎流会心不远，言坊行表即目可寻""秋月清光凝碧涧，春风余韵满烟萝"等，既充分赞扬了三先生的高贵品质和不朽业绩，又巧妙地道出了书院布局的和谐与脱俗。

20世纪30年代初，爱国将领冯玉祥隐居泰安时，在五贤祠居住读书。现在洗心亭上部四周还刻有冯玉祥的题字："你忘了没有？东三省被日本人占了去，有硬骨的人应当去拼命夺回来。"冯玉祥非常景仰前贤们的品德学问，曾照《宋史》本传立石介、孙复碑，还邀请石介、宋焘、赵国麟的后人见面，当时三姓后人去了100多人。冯玉祥握着石介后人石景谦的手，交谈良久，还赠送礼品给他。

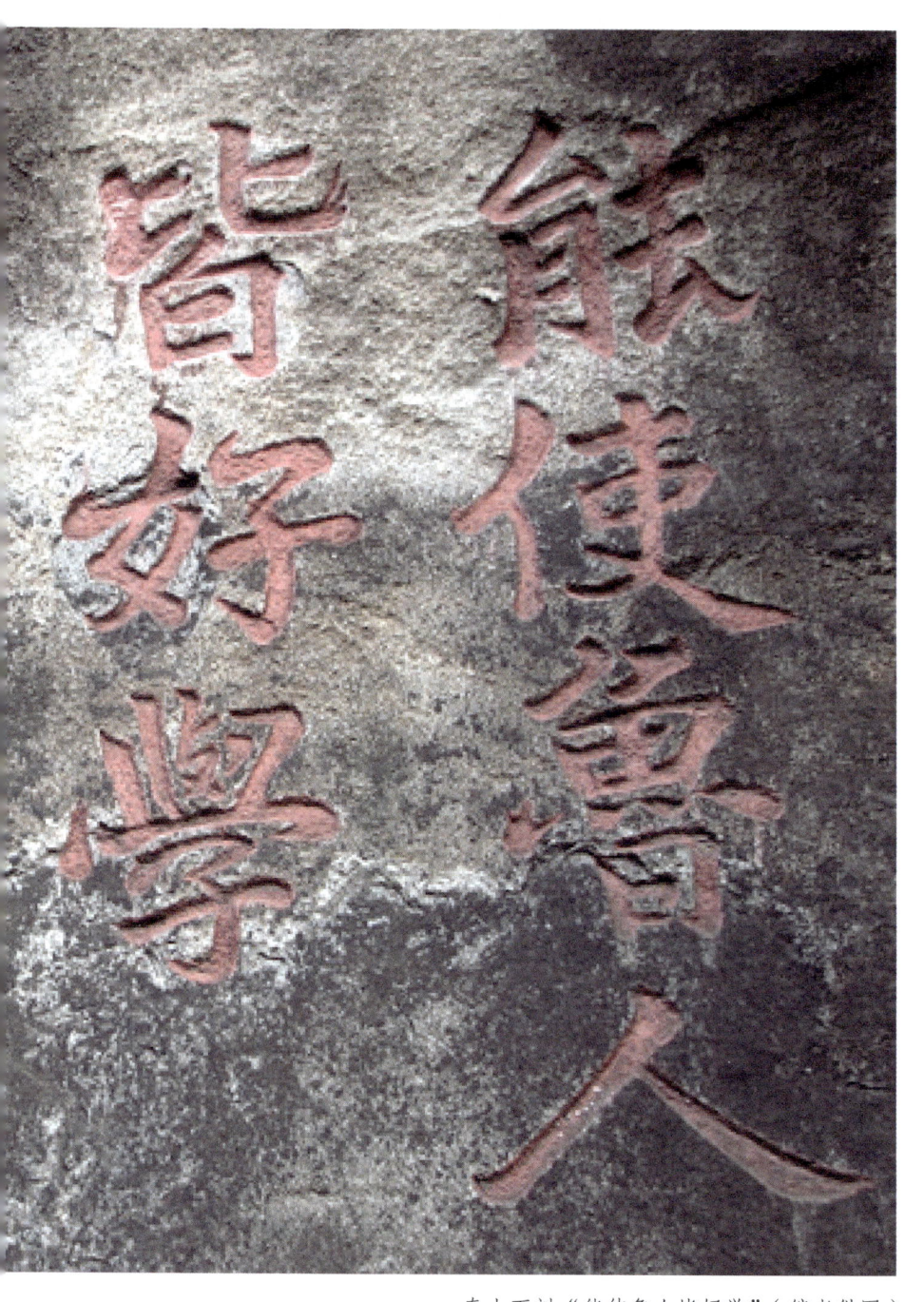

泰山石刻"能使鲁人皆好学"（编者供图）

　　宋代是中国书院发展的第一个高峰，改变了只有官家子弟接受教育的传统，打破了"学在官府"特权，推动了教育由上层贵族垄断向下层社会移动，促使了阶层等级化的文化向平民文化的过渡。有的从目不识丁到能读史咏诗，有的成为著名学者，甚至成为大师，譬如姜潜、刘牧、张洞、李蕴、祖择之、杜默、张续、李常、李堂、徐遁等人。金代的党怀英、清代的赵国麟等也曾读书于此。

　　泰山书院的教育教学理念对现代教育也有借鉴意义。泰山书院非常重视德育教育，把培养德才兼备的人放在重要位置。书院先贤们提出"明道""传道"的办学宗旨和以德育人、德育为先的教育理念，"视诸生如其子弟，诸生亦信爱如其兄父"（《宋史·胡瑗传》）。泰山书院不仅传授儒家经典，还十分重视体育、美育和智育的关系，开展实用性较强的科目，如治国、讲武、堰流、算历等。胡瑗还主张学生要走出书斋，进行社会实践，体验所学知识，增广见闻，这与现代职业教育理念是一致的。因此，书院教育不仅推动了我国古代教育、学术事业的发展，也为我国职业教育发展提供了借鉴和启发。

第二节

书院贤人 [①]

　　书院的出现是中国古代教育的深刻变革，尤其是宋代书院教育，增加了古代官学和私学不具备的教育职能。在泰山书院里，实行自由讨论学术的教学方式，师生共同研讨学问，办学风格比较开放，气氛活跃。学生可以自由择师，来去自由，因此师生的思路活跃，眼界开阔。人们来到这里，不以求取科举功名为目标。石介创办书院，目的是提倡读书人要保持高风亮节，不为功名利禄折腰，不要为了科举应试而读书。

　　后来，孙复、石介二人又把泰山学风带到了中央太学，并发扬光大，由此形

---

① 本节中的所有图片由编者提供。

成了泰山学派。

一、"徂徕先生"石介

石介（1005年—1045年），字守道，兖州奉符县（今泰安市岱岳区徂徕镇桥沟村）人，世称"徂徕先生"，泰山五贤之一。

据《徂徕石氏族谱》记载，石家的远祖叫石作蜀，石介是石作蜀的第47代孙。石作蜀是孔子的弟子，位列七十二贤者，后来隐居泰安徂徕山。鲁悼公十八年（前449年）去世，埋葬在徂徕山之阳。此后，石作蜀的后人以务农耕田为生，直到石介的父亲石丙，才开始走读书科考求取功名之路。

石介塑像

石介8岁那年，父亲石丙中了进士，在60多岁时当了县令。石介自幼勤奋好学，立志报国。石丙在书房读书时，他总喜欢到窗外偷听。石介曾在诗中写道，"我本鲁国一男子，少小志气凌浮云"。宋天圣四年（1026年），范仲淹主持应天府南都学舍，石介慕名前去，拜范仲淹为师，可以说是同学里最刻苦的学生之一。学习期间，生活极为艰苦，常常吃了上顿没下顿，但他毫不在意。当时有个叫王渎的府官非常欣赏他，有一次借会客之机，命家人给石介送去一些好吃的饭菜。可是几天过去了，直到饭菜馊了，石介也未动一口。人们都不理解，石介说，我不是不喜欢享用美味，但是吃了这一餐，明天又怎么办呢？"朝享膏粱，暮厌粗粝"，是石介不愿受赐的缘故。

石介和同窗好友夜以继日苦学，夏天为了躲避蚊虫叮咬，他们把油灯放在帐内，一学就是大半夜。就这样，通过勤奋刻苦的学习，宋天圣八年（1030年），25岁的石介考中了进士，和他一同金榜题名的还有一个人，叫欧阳修。

石介是个孝子。石丙70多岁的时候，被派往嘉州（今四川眉山）任军事判官。想到年老多病的父亲要远行，一路舟车劳顿，他心中不忍，上奏朝廷，请求自己替父亲前往。

宋景佑元年（1034年），石介的母亲和父亲相继去世。按照朝廷制度，他辞官回乡丁忧守制，居家尽孝。其间，他在徂徕山长春岭创建徂徕书院，开坛授徒，

门生甚众。他以《易》教授学子，因学识超群名噪一时，享誉齐鲁大地。

宋庆历二年（1042 年）夏，石介守孝期满，因宰相杜衍推荐，召为国子监直讲，徂徕书院停办。当时正值范仲淹主持"庆历新政"，石介鼎力协助范仲淹整顿国子监，扩充太学规模。欧阳修称赞石介，"及在太学，益以师道自居，门任弟子从之者甚众。太学之兴，自先生始"。

泰山书院的创办者们都具有性格耿直、敢言直谏的品德。石介也是爱憎分明，率性敢为，皇帝有不对的地方也毫不留情面，照样批评。宋仁宗赵桢少年登基，宠幸美女，日夜笙歌。石介上书直谏，惹得仁宗皇帝很不高兴。石介还曾被征召担任御史台主簿，还没有到任，就向皇帝上表议论国政而被贬。当时，外族入侵，西北边疆烽火四起，石介虽身居徂徕，却心忧天下，通过诗歌来表达自己忧国忧民的心情。"平生读诗书，胸中贮经纶。薄田四五亩，甘心耕耨勤？依锄西北望，涕泪空沾襟。"

宋庆历三年（1043 年），范仲淹、富弼、欧阳修等人被宋仁宗器重，施行"庆历新政"。石介得知老师推行新政的消息，非常兴奋："这是大好事，我应当歌颂。"于是写下《庆历圣德诗》，赞颂革新派，指责反对革新的夏竦等人是奸臣。夏竦等人对石介恨之入骨，决定从石介身上开刀，借机打击革新派，同时报一箭之仇。他找来家中一个擅长模仿别人字迹的小丫鬟，伪造了一封石介给富弼的书信。内容是革新派要造反，计划废掉宋仁宗，另立新君。字迹摹写得惟妙惟肖，分不出真假。皇帝最怕的就是臣子谋反，由此对推行新政的骨干人物范仲淹、富弼等人生了忌惮之心。而当时的宰相杜衍又处处庇护他们，令宋仁宗大为恼火。范仲淹、富弼等人被贬，变法宣告失败。

宋庆历五年（1045 年）正月，杜衍也被罢相。因为只做了 120 天宰相，史称"百日宰相"。石介也被外放到濮州（今山东鄄城县北）任通判，未到任所便病死家中，终年 41 岁。

石介死后第二年，因受徐州孔直温谋反案件的牵连，差点遭到开棺验尸的奇耻大辱。后来，石介被平反，欧阳修为他撰写《徂徕石先生墓志铭》。苏轼曾写道："先生魂气归于天，先生行魄归黄泉。堂堂世上文章主，悠悠地下埋千古。直饶泰山高万丈，争及徂徕三尺土"。

20 世纪 90 年代的一天，泰山文化学者周郢在徂徕山一农户家的猪圈里，偶然发现了宋代青州推官刘概于 1045 年所作《哭守道先生诗碑》，遂与泰安市档案馆一齐对诗碑进行抢救性保护，并征集进馆。

泰山书院刘概《哭守道先生诗碑》（编者供图）

《哭守道先生诗碑》原立于石介墓前，是极其珍贵的泰山文化遗产，不仅是北宋隐士、文学家刘概一腔孤愤悲怆之情的凝结，也是对石介一生的传神写照。"文革"期间，石介墓地被平，历代碑刻也多迷失。

如今，《哭守道先生诗碑》的复制品被珍藏在泰山职业技术学院泰山书院博物馆中。诗碑高46厘米，宽58厘米，厚13厘米，碑文楷体书刻，文字共11列，全文如下：

> 路出莱芜欲有题，感君追古思犹迷。生前谤议风雷击，死后文章天地齐。万种梦魂随我作，百般禽鸟为君啼。孤坟一掩徂山下，汶水年年哭向西。石口书立（注：碑中字迹模糊无法辨认，"口"应为介）。

二、"泰山先生"孙复

孙复（992年—1057年），字明复，北宋晋州平阳（今山西省临汾市）人。世称"泰山先生"，泰山五贤之一。

孙复早年丧父，家境贫寒，但他自幼苦学，勤勉不倦。宋天圣五年（1027年），他到应天府（今河南省商丘市）南都学舍向范仲淹求助，并拜范仲淹为师。在这里他结识了石介、胡瑗等人。两年后，孙复离开南都学舍，之后四次科考都名落孙山，生活陷入了困境，四处游荡。宋景祐二年（1035年），孙复受石介邀请来到泰山，二人在岱庙东南侧创建信道堂。之后，迁到泰山南麓凌汉峰下的栖真观内，并改名为泰山书院。孙复在此主持办学近8年。

宋庆历二年（1042年），在范仲淹等人的推荐下，孙复离开泰山入朝为官，出任秘书省校书郎、国子监直讲等职。前任宰相李迪把自己的侄女嫁给孙复，元杂剧《西厢记》中"相女配夫"的故事，就是出自孙复的一段佳话。

《渑水燕谈录》记载，宋代学者孙复讲学泰山时，年近50岁仍是独身，生活孤苦。宰相李迪出守兖州，对孙复的道德经

孙复塑像

术十分敬重，便向他提婚，说："先生至今孤身一人，乏人侍奉。我一侄女为人贤淑，我想将她许配先生。"孙复觉得自己这么穷，门不当户不对，便极力婉辞。李迪说："小女不嫁给先生，不过是一个官吏的妻子罢了，先生道高天下，这才是李氏的荣耀呀！"孙复听了，长叹道："相女不嫁公侯贵戚，而嫁与山村野老，如相国这样贤德的，从古至今没有第二个"。于是迎娶李小姐，夫妻二人相敬如宾，被传为佳话。

后来，孙复也受徐州人孔直温谋反案件牵连，一度被贬官，直到宋皇祐六年（1054年）才再次出任国子监直讲。宋嘉祐二年（1057年），孙复病故，葬于郓州须城县芦泉乡的北扈原（今泰安东平县梯门镇花篮店村）。欧阳修为其撰写了《孙明复先生墓志铭》。

三、"安定先生"胡瑗

胡瑗（993年—1059年），字翼之，原籍陕西路安定堡（今陕西省子长县），后落籍泰州海陵（今江苏省泰州市）。世称"安定先生"，泰山五贤之一。

胡瑗自幼聪颖好学，7岁善属文，13岁通五经，被左邻右舍视为奇才。他的父亲胡讷说："此子乃伟器，非常儿也！"胡瑗的始祖胡遵当过曹魏的车骑将军，他们家还出过两位皇后和太后，三公九卿及将军、太守等十余人。但到了他的父

亲胡讷时，开始步入"家贫无以自给"的境地。

　　胡瑗20岁时游学泰山，到泰山栖真观求学深造，这期间他经常卧石攻读，为了不影响自己读书研究学问，看到家中来的书信上有"平安"二字时，便顺手将家书投入身边的水涧中，不再细读。为求学，胡瑗整整十年不回家，"食不甘味，宿不安枕"，刻苦钻研学问，终成为一代宗师。后人为了纪念胡瑗，把这个水涧取名为"投书涧"。清代乾隆皇帝曾作诗称赞："报来尺素见平安，投涧传称人所难。诚使此心无系恋，平安两字不须看"。

　　从泰山回到了家乡的胡瑗已经30多岁了，但是七次参加科举考试都不中。40岁时，胡瑗彻底心灰意冷，放弃科举，在苏州、潮州一带教学，创立著名的"苏

胡安定公投书处（编者供图）

湖教法"，即"分斋教法"。他因材施教，制订了详细完备的学校规章制度，在当时产生了很大影响。范仲淹的儿子范纯佑拜胡瑗为师，中央太学也派人"下湖州取其法"。

胡瑗一生从事教学近30年。历任秘书省校书郎、国子监直讲、太子中允、天章阁侍讲、太常博士等职。欧阳修在《胡先生墓表》中说："先生为人师，言行而身化之，使诚明者达，昏愚者励，而顽傲者革。故其为法言而信，为道久而尊。"王安石也曾赠诗称颂胡瑗及其教学盛况。

宋嘉祐四年（1059年）正月，胡瑗以太学博士退休，同年六月初六在杭州病故。

胡瑗毕生从事教育事业，他的教育理论和教育实践成就，至今依然熠熠生辉。胡瑗认为，治理好国家关键在人才，人才要通过教育培养。如何办好教育？一要"师儒"，就是以孔孟之道管理和从事教育；二要普及教育于"民"，他在泰山书院和安定书院都积极践行书院的平民教育理念，推动教育向平民化发展；三是地方行政长官兴办学校。封建政权内部的监督机制有名无实，各级官吏的政治道德、文化素质对于吏治有着深远影响，因此培养真正的人才对社会的长治久安有着现实意义。

泰山书院的创始人以儒家理学精神为先导，对于程（程颐）朱（朱熹）理学的形成也具有重要的启示作用。朱熹31岁时，正式拜程颐的三传弟子李侗为师，专心儒学，成为程颢、程颐之后儒学的重要人物。他继承二程，又独立发挥，形成了自己的体系，后人称为程朱理学。

朱熹是理学思想的集大成者，在理学体系的完善与阐发上有特殊贡献，在东亚乃至世界范围内都产生了重要影响。朱熹的成就不限于理学，对于经学、史学、文学、佛学、道教以及自然科学，都有所涉及或有著述，著作广博宏富。黄宗羲在《宋元学案·泰山学案》中提道："宋兴八十年，安定胡先生、泰山孙先生、徂徕石先生始以师道明正学，继而濂洛兴矣。故本朝理学虽至伊洛而精，实自三先生而始，故晦庵（即朱熹）有伊川（即程颐）不敢忘三先生之语"。

四、范明枢和冯玉祥

齐鲁著名教育家范明枢，1866年出生在泰安城元宝街一个贫苦市民家庭。他一生爱国爱民，疾恶如仇，热心教育事业，是山东省内德高望重的革命教育家。

1899 年，范明枢考入泰山书院，在此学习一年。1932 年，年近七旬的范明枢因通"共产党"的嫌疑被国民党逮捕。他在狱中坚持斗争，毫不屈服。后经冯玉祥等人解救出狱，到泰城东山口村筹办民众小学，任校长。

泰安武训小学师生合影（编者供图）

1933 年，范明枢借为冯玉祥讲《春秋》《左传》之机，抒发爱国主义情感，给冯玉祥很大影响，两人结下了较深的情谊。冯玉祥与范明枢看到泰山附近的穷困百姓的孩子不能上学读书，于是秉承泰山书院精神，创办泰山武训小学 15 处，由范明枢任总校长，推行平民教育，对贫困学生予以照顾，实行半工半读，学生既学习抗日救国道理、文化科学知识，还能通过做工有饭吃。冯玉祥曾在 1934 年 6 月 7 日的日记中这样记述："为穷学生内设铁木工班，半日读书，半日做工。"

冯玉祥和范明枢兴办的泰山武训小学，在齐鲁教育史上写下了光辉的一页，它使泰山脚下成百上千的贫苦人家的孩子，获得了受教育的机会，为国家民族培养了有用人才。冯玉祥经常到学校讲话，范明枢不顾年事已高，常常亲自为学生授课，成为泰安教育史上的一段佳话。

抗日战争爆发后，"武训小学"的部分师生跟随冯玉祥一起奔赴抗日前线，很多师生为抗日救国献出了宝贵生命。

第三节
书院新生

近年来，国内很多高校纷纷探索书院制人才培养模式，用中国5000多年优秀传统文化浸润滋养学生心灵。位于泰山脚下的泰山职业技术学院依托具有千年历史的泰山书院，探索实行"学院＋书院"文化育人模式，提升人才培养综合素养，取得显著效果。

一、当"学院"遇见"书院"

2011年，泰山职业技术学院注册并重建泰安市泰山书院。书院院址位于学院图书馆，包括博物馆、文渊阁、琢玉坊、墨宝斋、讲书堂、揽胜厅、集粹轩等，另设"泰山书院"大型石刻一处。

2013年5月15日，泰山书院举行隆重的开馆仪式，书院顾问、泰山文化专家吕大明填词《喜团圆·贺泰山书院》一阙：

> 大宋以降，泰山书院甫立，即为世人瞩目之学府。士人采芹，趋之若鹜，授唐虞三代之《书》、周公之《易》、二戴之《礼》、毛公之《诗》、孔子之《春秋》，以及天下缣缃黄卷，得隽者人才济济，为华夏辅国栋梁之材。今之，国人雄杰高瞻远瞩，秉承辉煌华族文明血脉，鼎力砥柱泰山书院文蕴，续写国学煌煌金卷，泰山书院猎猎旌旗又复现泰山文化之巅。填词贺之。

其词曰：

> 和谐盛世，斯文泰岱，天柱东方，千年血脉汶河渡，教和学兴邦。泰山书院，史乘尊位，翰墨芬芳，如今又是，东方红日，浸满书窗。

书院的建成，既展现了泰山书院辉煌的历史和泰山五贤精神，又融入了当地经济文化。学院充分利用书院这个平台，开展泰山文化交流学习，接待中国台湾、韩国、马来西亚、澳大利亚等境内外参观访问团，成为传播泰山文化的交流平台。学院利用书院对学生开展入学教育，开设讲书堂和道德讲堂，邀请省内外传统文化学者专家举办文化交流活动，泰安中小学师生也慕名而来参观书院，接受泰山文化教育，感受泰山五贤的治学精神，泰山书院被授了泰安市和山东省社会科学普及教育基地，已成为泰安学生进行传统文化学习的重要基地。

学院在注重泰山书院恢复建设的同时，积极探索推进"学院＋书院"育人模式，成立书院管理委员会，建立书院式公寓，在女生公寓成立"清和苑书院""沁芷苑书院""兰蕙苑书院"，在男生公寓建设"浩然轩书院""养素轩书院""厚德轩书院"，根据各书院的学生兴趣爱好和专业特点，在导师的指导下参加学习交流和文娱活动。书院成为学生离开专业课堂后丰富个人修养、提升自身素质的重要阵地。

纵观泰山书院的轨迹，绵延千年。泰山职业技术学院注册重建书院，学院和书院脉络相连，一脉相承，主要体现在以下几个方面：

（一）立德育人

泰山书院在当时能够产生举足轻重的社会影响力，与它卓有成效的品德教育分不开。书院的先贤们提出了"明道""传道"的办学宗旨，进而提出了以德育人、德育为先的教育理念，坚持把品德教育作为书院教育的核心，把道德素质的培养置于书院教育的首位。他们所提出的人才培养模式是一种典型的伦理道德型的，核心是对思想品德方面的要求。

民国时期，泰山武训学校也很注重对学生的德育教育，编印了很多德育课本，如《哲学问答》《儿童德育歌》等。内容有爱国英雄故事，有宣传抗日的，有鼓励学生奋发向上、尊重劳动人民的。冯玉祥在1934年10月28日的日记中记述："范（明枢）先生、张（雪门）先生同各教员聚谈，很有意思。我说了三事，必须注意方能把智、德、体健全起来。"得益于此，泰山武训小学教师及学生，在抗日战争全面爆发后，多数走上抗战道路，保家卫国。

泰山职业技术学院高度重视传承发展泰山书院的优秀传统文化，坚持育人为本，德育为先，把立德育人作为根本任务常抓不懈，培养出林鸾等一批优秀共产党员以及一批优秀教师和学生。

（二）锲而不舍

泰山书院的先贤们志向远大，好学上进，读书勤奋，锲而不舍。孙复虽四次参加科举考试不中，但毫不气馁。在泰山书院期间，他潜心研究学问，乐此不疲。终以其学识渊博，声名远布，学者纷纷上门求教。胡瑗与孙复、石介等人在泰山书院切磋研究学问，十年不回家，被宋神宗称为"真先生"。

正是秉承这种锲而不舍的精神，泰山职业技术学院以"修德、笃行、创新、奉献"为校训，秉承敢于担当、勇于奉献的泰山精神，为社会培养了大批技术技能型人才。

（三）学以致用

泰山书院的教学内容丰富，不仅传授儒家经典，兼及子、史群书，还十分重视体育、美育和智育的关系，开展实用性较强的科目，如治国、讲武、堰流、算历等。胡瑗还主张学生要走出书斋，"先生语诸生食绝未可据案久坐。皆于气血有伤。当习射、投壶、游息焉"（《安定言行录》）。泰山武训学校也很重视学以致用，如开设了编织、雕刻、美术等学科，使学生学到了一技之长，从而有了谋生的手段。

泰山职业技术学院则针对"职业教育过多注重精研某门课程学术内涵，而在普及实用知识，培养学生实际动手能力、具体操作能力方面还很欠缺"的问题，坚持职业教育特色，深化校企合作产教融合，以工学结合为切入点，以技能大师为抓手，师生学以致用、服务社会的能力不断提高。

泰山雅乐团在泰山书院演唱汉乐府曲目（编者供图）

（四）注重讲学交流

原中国现代文学馆馆长、著名学者舒乙说，书院是中国历史上出现的一种独立的教育机构，是私人或官府所设的聚徒讲学、研究学问的场所，大多为高等教育，注重的是学术理论研究与探讨。中国古代的书院，既是教育和学术研究机构，同时又是文化和精神的象征，书院的出现旨在传承传统文化之风神秀骨，守住中国文化的根。作为中华民族所特有的教育机构，书院为我国古代教育发展和学术繁荣做出了重要的贡献。泰山书院是泰山文化的标志之一，也是传统精华文化的现代再生式发展的源泉，同时也对国内外高校教育发展新趋势提供借鉴。

泰山职业技术学院作为一所高等职业院校，一贯重视文化传承和文化育人功能。学院针对高职学生现状，在常规教学基础上加入传统文化教育，举办泰山经典诗词吟诵等文化活动，建设特色社团——泰山雅乐团，创作"泰山古诗文吟唱"系列作品 100 首，出版《泰汶谣》《泰安红色文化概论》等系列教材，以活态传承的形式，梳理泰山文化、泰安红色文化，传承中华传统文化。学院常年开展"书香校园"活动，倡导全体师生养成读书习惯，提高学生的国学素养和道德素养，使学生在学到技能知识的同时，也能学到做人的哲学，领悟生活的智慧，从而培养出具有高尚情操和社会责任感的人才。

二、新芽初绽

泰山职业技术学院以泰山书院为平台，以泰安悠久深厚的地方历史文化为背景和资源，研究、继承、传播、创新泰山文化，学习、借鉴泰山书院优良教育形式，把经典国学教育和现代职业教育有机结合，开创职业院校与书院教育相结合的文化育人模式，创新职业教育特色，探索高职人才培养新路径。

古代书院一般都建在水清木秀之地，置于环境优美山林之间。唐代诗人刘眘虚《阙题》诗"道由白云尽，春与青溪长。时有落花至，远随流水香。闲门向山路，深柳读书堂。幽映每白日，清辉照衣裳。"描写的就是书堂周边的幽雅环境。

泰山职业技术学院坐落于泰山脚下，校园内栽种泰山松柏，自然环境氛围浓厚，治学、修身、励志名言警句的泰山石刻随处可见，登高必自、攀登不止等泰山精神早已融于校园人文环境，使这里成为绝佳的读书治学之地。学院加书院育人模式已经初见效果。

学院石刻——上善若水　厚德载物　　　学院石刻——止于至善

（一）把书院搬进大学校园，学院和书院融为一体，为学生提供书香校园

　　学院将泰山书院打造成为集"进取、担当、包容、和谐"泰山精神之"魂器"，奠定弘扬泰山文化的物质平台。根据书院藏书、读书、教书、著书的功能，充实以反映书院历史文化为主题的书院博物馆和以展示泰山文化为主题的文渊阁，新建以创作交流泰山书画艺术为主题的墨宝斋；搜集、整理泰山文化中关于泰山名人、泰山石刻、泰山历史传说等各方面的文献、图片、影像资料；组织、编写"泰山文化读本"；组织创作"泰山百景书画印"系列作品。通过"泰山书院"这一平台，发挥书院优秀文化传承功能，增强文化育人功效，提高泰山文化的辐射带动和影响力，更好地为加强泰安文化建设服务。

泰山书院石刻　　　　　　　　　　　　学院石刻——进取　担当　包容
　　　　　　　　　　　　　　　　　　和谐

（二）设立讲书堂，加强文化交流，开启以"知"，感之以"情"

泰山书院设立"讲书堂"，并将之作为交流、讲学、研究的课堂。书院邀请国内外泰山文化研究专家、企业家，在讲书堂开展泰山文化、传统文化、企业文化、红色文化等系列讲座，进行泰山文化国内外学术研究与成果交流。通过这一平台，广大师生能够深刻领悟"进取、担当、包容、和谐"的泰山精神。

（三）建成国学教育基地，让书院圣贤精神引导学生"学归于行"

泰山书院现为泰安市和山东省社科普及教育基地，传承古代道学兼顾的书院思想，弘扬泰山书院"五贤"勤奋治学、学而治世的精神，以此为基点拓展国学教育，培养学生的传统美德，陶冶学生的情操，培植高技能人才的高素质精神底蕴，促使"进取、担当、包容、和谐"泰山精神深入人心。

学院石刻——浩然素养

（四）以古代书院命名理念和风格为建筑物和道路等命名

学院各场馆和道路的命名，融入了职业教育教学理念、传统文化特别是儒学和泰山文化、明礼诚信、素质教育、场馆功能等因素，体现了学院的文化水平和办学底蕴。如办公楼为致远楼，教学楼分别命名为明德楼、明志楼、明理楼、明

远楼，生物系实训楼命名为神农楼、信息系实训楼命名为鸿蒙楼、机电系实训楼命名为墨翟楼，教育与艺术系实训楼命名为光启楼，财经系实训楼命名为居正楼等。女生公寓命名为兰蕙苑、沁芷苑、清和苑，男生公寓命名为厚德轩、养素轩、皓然轩等。校内道路命名为思贤路、春华路、励志路等，校内休闲连廊命名为凌云阁、行知廊、启智廊等，花园命名为馨园、睿园、和园等，湖泊名为砚池、静修湖，两座小桥名为孙复路、石介路等，校医院为扁鹊楼。邀请校内外知名书法家挥毫书写名字及场馆名称，进一步提高学院的文化层次和内涵。

教育是民族振兴和社会进步的基石。"今天，高等教育必须面向现代社会经济，并服务于现代社会经济，这已成为世界高等教育改革的大趋势。"在新时期，泰山职业技术学院和泰山书院坚持立德树人根本任务，继续研究、继承、传播、创新中华民族文化、泰山文化，培养更多德才兼备的高端技术技能型人才，为建设"泰山"特色的高水平高职院校而团结奋斗。

第六章

岩岩风骨

　　泰山以拔地通天的雄姿巍然屹立于中国东方，以其雄伟奇特的自然景观，悠久的历史积淀形成了独特的泰山文化。泰山相伴华夏民族五千多年文明发展历史，见证了中华文明发展历程，承载了中华民族积极向上、刚健自强、包容和谐等民族精神，体现了中华民族的价值追求，逐渐形成了特有的民族品格与特征，我们称之为"泰山精神。"季羡林先生在其《泰山颂》赞美泰山，"国之魂魄，民之肝胆"。

　　丹青难画是精神。倘若一定要把泰山精神描摹成像的话，那么，应该是一幅饱含泰山风骨和气象的旷世大作。

天烛蜂

　　对于泰山精神的理解，概括起来，主要指：重于泰山的价值取向、自强不息的攀登意志、不辞细壤的博大胸怀和国泰民安的美好寄托。当然，仁者见仁，智者见智，不少专家学者也对"泰山精神"进行了研究和总结，诸如捧日擎天的光明追求、天人合一的和谐精神以及勇于担当的挑夫精神等也都蕴含于泰山文化之中。

第一节
重于泰山

伟大的史学家司马迁在《报任安书》中留下一句千古名言，"人固有一死，或重于泰山，或轻于鸿毛"，表达了他对于生命价值和死亡意义的深刻理解。

一、历史的选择

汉武帝天汉二年（前 99 年）的秋天，一股肃杀之气弥漫在京都长安城内。秋风萧瑟，草木枯槁，寒意袭人。

汉廷未央宫内，空气格外凝重。汉武帝大发雷霆，大臣们随声附和。

一场飞来的横祸降临到太史令司马迁身上。司马迁因为李陵辩护而触怒汉武帝遭受腐刑（宫刑），这种刑罚既残酷地摧残人体，更是对人格的极大侮辱。"士可杀，不可辱"，对于一个深受儒家思想影响的知识分子来说，尊严和气节比什么都重要。

司马迁用"重于泰山"做出了选择，也表达了他对死亡的态度，用载入史册的案例加以自勉，他在《报任安书》中写道："盖文王拘而演《周易》；仲尼厄而作《春秋》；屈原放逐，乃赋《离骚》；左丘失明，厥有《国语》；孙子膑脚，兵法修列；不韦迁蜀，世传《吕览》；韩非囚秦，《说难》《孤愤》。《诗》三百篇，大底圣贤发愤之所作也。"

尽管"每念斯耻，汗未尝不发背沾衣也"，但他最终完成了不朽的历史巨著《史记》。《史记》的问世，具有划时代的意义，奠定了中华民族大一统的历史观，成为中华文明史上一座巍然耸立、永不倾颓的丰碑。他那重于泰山的价值观也成为高尚人格的象征，衡量人生价值的标尺，深刻地影响了中国人的精神世界，塑造了中华儿女的品格。正如余秋雨先生说："他以自己残破的生命，换来了一个民族完整的历史；他以自己难言的委屈，换来了千万民众宏伟的记忆；他以自己莫名的耻辱，换来了华夏文化无比的尊严"。

二、你就是山

1944年毛泽东在《为人民服务》的演讲中说道："人总是要死的，但死的意义有不同。中国古时候有个文学家叫做司马迁的说过：'人固有一死，或重于泰山，或轻于鸿毛。'为人民利益而死，就比泰山还重；替法西斯卖力，替剥削人民和压迫人民的人去死，就比鸿毛还轻。"毛主席的这段演讲影响深远。

"只要能让大陡山富起来，就是搭上这条命，我也心甘情愿。"这是全国劳动模范、山东省优秀共产党员，大陡山村原党支部书记苏庆亮向党员群众立下铮铮誓言，生动地诠释了"为人民利益而死，就比泰山还重"的深刻内涵。

大陡山村，泰安市岱岳区一个出了名的穷、乱、差小山村，村集体负债近50万元，村民人均收入只有千元左右，三年换了两任党支部书记，工作考核年年倒数第一。

面对组织信任和父老乡亲的期待，尽管遭到家人的强烈反对，苏庆亮毅然放弃稳定的机关工作，决定回大陡山改变家乡落后面貌。"我是土生土长的大陡人，父老乡亲需要我，不管有多难，我都要挑起这副担子。"回到家乡的苏庆亮21年如一日，带领全村群众发展起苗圃、茶园、生态旅游等绿色产业。到2015年底，

工作中的苏庆亮（图片源自网络）

大陡山村集体固定资产超过 1 亿元，集体经营性收入突破 500 万元，让村民老有所养、病有所医、学有所教、住有所居，昔日的"荒陡山""穷陡山"变成了"绿陡山""金陡山"。他为大陡山村创造了亿万资产，把全乡闻名的贫穷落后村，建设成全国文明村，成为全省乃至全国乡村振兴的一面旗帜。

2016 年 7 月 24 日，苏庆亮同志突发心梗，匆匆走完了生命的最后里程，他用短暂的一生谱写了扎根扶贫一线、服务贫困群众的动人篇章；他用实际行动塑造了勇于担当、无私奉献的新时代"泰山挑山工"形象；用年轻的生命诠释了"重于泰山"的价值，在巍巍泰山脚下铸起了一座不朽的丰碑。

第二节
自强不息

自强不息是中华文明的基因。先秦《周易·象传》中"天行健，君子以自强不息"这句名言，激励鼓舞着无数中华儿女奋发图强，努力拼搏。自强不息意味着坚韧不拔、不畏险阻、刚健有为、永不懈怠。

一、泰山脊梁

古老的泰山忠实地记录着中华民族砥砺奋进的铿锵足音，向世人展示着中华民族自强不息的精神。

泰山雄伟险峻，在远古时代，泰山上没有道路，古代帝王封禅祭祀，规模宏大，人员众多，耗资惊人。汉武帝曾八次封禅泰山，乾隆皇帝十祭泰山，在没有现代化工具的情况下，一定都是挑山工肩扛、手抬运到山上的。如今我们在山上所看到的每一处历史遗迹，所使用的很多登山物品，也是泰山挑山工一肩一肩挑出来的。五千多年来，泰山挑山工一头挑着历史，一头挑着生活，奋勇攀登，在一步一阶的跋涉中，挑山工和泰山血脉紧密相连。

梁京申原本是泰安市良庄镇一名普通的石匠，在一次作业中，因意外失去了自己的左臂。刚失去左臂时，梁京申的基本生活都成问题，更别说帮家里干些农活。他是家里的顶梁柱，可依自己的身体条件，实在很难找到适合的工作。在家中休息了一年的他，偶然间通过邻居了解到挑山工的工作，毅然地选择去泰山做挑山工。梁京申用他仅剩的一只胳膊，挑起 100 多斤的货物，往返于泰山上下，这一挑就是 30 年。

独臂挑山工梁京申（图片源自网络）

泰山挑山工，这些生长在泰山脚下的汉子们，濡染了泰山赋予他们的坚韧不拔、自强不息的品格，怀着对美好生活的向往，"他们不为风景所惑、不为杂音所扰、不为风雨所动"，咬紧牙关，一声不响，埋头攀登，不到山顶决不罢休。

挑山工的形象已经成为泰山的标志，成为泰山人乃至整个中华民族自强不息精神的象征。几千年来，自强不息的精神已经成为中华民族的文化基因，深深融入中国人的血脉，成为激励中国人顽强拼搏、锐意进取的不懈动力。

当冯骥才再次谈到挑山工时，他说："人身体什么地方是最承重的，最能表现人的意志的？就是人的脊梁骨，人要挺起他的脊梁，脊梁要承受最沉重的东西，他们挑的是整个的泰山，实际是泰山的分量，也是泰山交给他们的事情。"

"挑山工，挑山工，性实在，不谈空。步步稳，担担重，汗如泉，劲如松。顶烈日，迎寒风，春到夏，秋到冬。青春献泰山，风光留大众。有此一精神，何事不成功！"这是北大教授杨辛先生写给泰山挑山工的诗句，是泰山挑山工的真实写照，生动展现了挑山工的精神风貌。

鲁迅曾说过："我们从古以来，就有埋头苦干的人，有拼命硬干的人，有为民请命的人，有舍身求法的人……这就是中国的脊梁"。泰山是挺立在中华大地上坚硬的民族脊梁，是中华之魂，是最好的中华民族形象标识之一。

二、另一种站立

李健吾在《雨中登泰山》一文曾这样描写泰山上那些松树：

> 但是把人的心灵带到一种崇高的境界的，却是那些"吸翠霞而天矫"的松树。它们不怕山高，把根扎在悬崖绝壁的隙缝，身子扭得像盘龙柱子，在半空展开枝叶，像是和狂风乌云争夺天日，又像是和清风白云游戏。有的松树望穿秋水，不见你来，独自上到高处，斜着身子张望。有的松树像一顶墨绿大伞，支开了等你。有的松树自得其乐，显出一副潇洒的模样。不管怎么样，它们都让你觉得它们是泰山的天然的主人，谁少了谁，都像不应该似的。

泰山上的迎客松，又叫望人松，树冠下一长枝形同披伞，形态仿佛翘望迎接八方游客，故名泰山迎客松。另外还有五大夫松、姊妹松、一亩松等。这些松树树龄最短的也有 100 多年，树龄最长的距今已有 1600 多年的历史，至今仍苍翠挺拔、生机盎然。

泰山迎客松

古人对松情有独钟，他们歌以赞松，诗以咏松，画以绘松。赞松之庄重肃穆、傲骨峥嵘；咏松之临风傲立，坚韧不拔；画松之郁郁葱葱，四季常青。这是因为松树具有崇高的风格和精神，也就是百折不挠、自强不息的拼搏精神。不管是在悬崖峭壁，还是在贫瘠的土地上，只要有一粒种子，它就会生根、发芽，顽强地生长。在那些悬崖峭壁的石缝里，唯有松树能傲然屹立。当凛冽的北风呼啸，冰封大地之时，百花凋零、众木枯萎，只有松树依然生机勃勃。《论语·子罕》中"岁寒然后知松柏之后凋也"，意思是到了每年天气最冷的时候，其他植物大多都凋零，只有松柏挺拔、不落。常用来比喻人有坚韧的力量，耐得住困苦，受得了折磨，不至于改变初心。陈毅元帅在《青松》一诗中写道："大雪压青松，青松挺且直。要知松高洁，待到雪化时。"作家陶铸的散文《松树的风格》高度赞美了松树顽强的生命力和坚韧的品格。

"要学那泰山顶上一青松，挺然屹立傲苍穹。八千里风暴吹不倒，九千个雷霆也难轰。烈日喷炎晒不死，严寒冰雪郁郁葱葱。"这是 20 世纪革命现代京剧样板戏《沙家浜》里的一段唱词。"要学那泰山顶上一青松"这句话曾一度风靡全国，几乎人人都会唱。唱词把人与松结合起来，唱腔气势磅礴，令人荡气回肠。

泰山承载了丰富的历史和文化内涵，历尽沧桑而不衰，巍然屹立于世界民族之林。泰山松彰显了民族的意志与品格，为中华儿女提供了精神上的慰藉和力量。泰山精神就是民族精神，就是民族的风骨。

登泰山不仅在赏美景，更是在读历史，感悟人生。

第三节
能成其大

秦灭六国，开启了中华民族多元统一国家的先河。自此，不论政权更迭或遭到外敌入侵，民族团结、祖国统一始终是每个中国人的梦想和夙愿。

一、天下为一

泰山见证了中华民族大家庭交往、交流、交融的复杂历程。历史上曾经进入中原的契丹、鲜卑、女真族，以及蒙古、满族统治者均信奉尊崇泰山、朝拜祭祀泰山。

439 年，鲜卑族拓跋氏统一中国北方，建立北魏，定都平城（今山西大同）。从北魏太武帝拓跋焘开始，都十分重视对汉文化的学习。493 年，北魏孝文帝拓跋宏迁都洛阳后积极进行汉化改革，禁胡语、改汉姓、尊孔子，全面汉化。

495 年，孝文帝祭拜孔子庙后作《祭岱岳文》，派特使登泰山隆重封天祭祀，百余万人包括鲜卑在内的北方各族移民，迁入中原。鲜卑族彻底融入中原文化。

由女真族建立的金朝在灭北宋之后，在奉符县（今泰安泰山区）设置了泰安军，泰安之名出此开始使用。泰山安天下安，金朝把泰山和政权紧密联系在一起。金朝立国之初，就确立了以儒学为主的治国方略。1141 年，金国皇帝祭孔，在岱庙天贶殿前，立起一座 6 米多高的巨碑，重修东岳庙之碑。至元代二十八年（1291

东岳庙碑（图片源自网络）

年）元世祖忽必烈诏封泰山神为"天齐大生仁圣帝"，并遣官致祭。此后，成宗、武宗、仁宗、英宗都相继遣使祭祀泰山及东岳庙。

到了清代，从顺治皇帝开始，康熙、雍正、乾隆诸帝继位后，不仅委派官员到泰山致祭，有时还亲临泰山礼祀。而且为了在政治文化上推进满汉"一体化"，康熙帝曾派要员对长白山和泰山的地貌特征、地质结构等做了系统考察，亲撰《泰山龙脉论》一文，旨在论证满人入主中原的合法性，为中原和长白山"一体"寻找理论依据，将泰山与长白山密切联系在一起，这虽然是牵强附会之举，但对于多民族国家的统一大有裨益。

随着民族大融合，泰山的信仰也传播到各民族之中，由此成为"万族共瞻"的中华民族之山、民族之魂。

二、和而不同

历史学家许倬云先生认为，中国人的精神，始终是儒、道、佛三家激荡、互相影响的结果。孔子在《论语·子路》中指出："君子和而不同，小人同而不和。""和而不同"是中国传统文化中独特的辩证智慧。泰山被称为儒家圣山、道家仙山和佛家灵山，儒道佛本为三种不同信仰，而在泰山上却出现三教融合的奇观。

众所周知，泰山及其所在地区是中国儒家文化的发祥地。自秦汉以来，儒家思想一直是中国传统社会的主流意识形态，是中国传统文化的核心。从泰山脚下的孔子登临处到山顶的孔子庙、望吴圣迹石坊和乾坤亭，关于儒家思想的石刻，如"登高必自""从善如登"等比比皆是，可以说泰山上下随处可见儒家思想遗迹。

道教和佛教为了生存和发展，一直在不断寻求采取靠拢儒家的策略，而儒家为了维护自身正统地位，同样在不断吸收佛与道的智慧。泰山气势雄伟且多深谷幽溪，自古以来就是道家修炼的好地方。战国时黄伯阳、秦时安期生、西汉时方士稷邱君都曾在泰山上修行传播黄老之学。随着泰山因帝王封禅祭祀而地位越加尊贵，道家便迎合皇权正统而把泰山神纳入道教神祇系列。道教视泰山为神仙之洞府和道士理想的修行地，称其为三十六洞天之第二洞天。因此，道教在泰山历代不息，神宇遍布。而佛教作为一种外来的宗教，想要在泰山立足，也主动适应泰山的社会环境。为了和当时流行的"泰山治鬼"的民间信仰相适应，有的僧人在译经时就干脆把地狱译为泰山。佛教中的地狱、十殿阎罗等说法与泰山治鬼观念十分契合，二者逐渐糅合为一，衍化为泰山的冥府地狱系统。因此，儒、道、

佛在泰山上呈现出杂糅的形态，彼此难以分限。所以，不同的信仰能共居一山，如孔子庙、碧霞祠、普照寺；山上还有供奉药王孙思邈的药王庙，供奉三官大帝的三官庙；山下有供奉武财神关羽的关帝庙，供奉太上老君的老君堂等，各路神仙，各居一方，迎接前来跪拜的香客。

不仅如此，不同的庙宇为了赢得香火，吸引信众，也相互借鉴、相互融合，或一门两院或共处一院，儒道佛逐渐合流。例如，红门宫分东西两院，西院（正殿）供奉着的是碧霞元君，代表的是道家；东院供奉着弥勒佛和九莲菩萨，代表的是佛家；而连接红门宫东西两院的枢纽是飞云阁，其内的魁星、文昌帝是儒家的代表，飞云阁南面的"孔子登临处"的牌坊也代表着儒家。万仙楼背面的斗母宫也是如此，里面住的是尼姑，供奉观音菩萨、文殊菩萨，但又供奉斗母和二十星宿。不同的信仰，彼此相安，我中有你，你中有我，和而不同，真是令人赞叹不已。"敲着木鱼念佛经，烧香磕头供元君"的信仰奇观，成为泰山博大胸襟的最为生动的写照。这正如弥勒佛前面的对联：大肚能容，容天下难容之事；开口常笑，笑世上可笑之人。

红门宫

天街明月光

　　民国邱山宁创作的《泰山赞》诗：

　　　　　泰山何其雄，万象都包容。
　　　　　泰山何其大，万物都归纳。
　　　　　泰山何尊严，万有都包含。
　　　　　一切宇宙事，皆作如是观！

　　这首诗高度礼赞了泰山包容万物、博大虚怀的气象。也可以说，正是泰山以
开放的胸怀和大度的心态，接纳、包容天下难容之事，"它利万物而不争，而万物
莫能与之争"，终是成就了"五岳独尊"的盛誉和"第一山"的美名。

　　当世界不同民族、不同宗教信仰发生激烈对抗，甚至因几百年的世仇而不断
发生大规模流血冲突的时候，泰山上却出现不同宗教信仰和而不同、和谐共处的
奇观，上演着多民族不断交流融合、彼此接纳，继而成为中华大家庭的动人场景，
兼收并蓄，包容一切，不断吸收新鲜的血液，改造完善自己，壮大自己。泰山见
证着中华文明能成其大的宽广胸襟。

第四节
国泰民安

"国泰民安"是中华民族千百年来的祈盼，平安文化是泰山文化中非常重要的内容。中国人历来抱有家国情怀，最朴素的愿望和追求之一，就是希望国家安定，百姓安居乐业。也只有国家安定，政治清明，无动荡战乱，百姓才能安居乐业，家庭幸福美满。

一、国以安而兴

泰山自古以来就是稳定安宁的象征。"泰"字，除了有"大中之大"的含义外，还有"平安、安定、安宁"之义，因而古人常用泰山来比喻国家的安定。

汉代淮南王刘安在《上武帝书》中写道："天下之安，犹泰山而四维之也。"就是说，一个国家的安定状况，就像泰山再系上四条结物的大绳那样牢固。后被简化为"泰山安则天下安"，这也是"泰安"地名的由来。从此泰山成为体现"国泰民安"这一民族价值观念的载体，泰山极顶也由此而得名"太平顶"。大观峰上的"与国咸宁""与国同安""斯山之固，国家柱石"及丈人峰上的"国泰民安"等题刻，无不表达国泰民安的精髓。

平安，是一个国家生存和发展的基石，是一种文明生生不息，赓续向前的重要保障。《左传·襄公十一年》中写道："居安思危，思则有备，有备无患。"正是有着这样强烈的安全意识，中国很早就开始修建长城、驰道等防御工程，后来又不断完善，形成了一道有形的和无形的安全防线。从国家内部来讲，古代帝王泰山封禅目的之一就是"报天之功，报地之功，报群神之功"，而且只有具备政通人和、天下太平等条件才有资格来泰山封禅。因此，国泰民安既是中华民族的美好期盼，是国家安定、民族团结、文明发展的重要基石，也是中华民族巍然屹立于世界的保障。

中华人民共和国成立后，北京的人民英雄纪念碑和人民大会堂的奠基石料都是泰山石，除了因为泰山花岗岩坚硬牢固，更多的是因为泰山石蕴含着国泰民安、平安永久的美好寓意。

国泰民安石刻（位于泰山极顶丈人峰）

人民英雄纪念碑

人民大会堂

二、民以安为乐

泰山不仅是数千年以来帝王的封禅地，更是百姓祈福的吉祥地。千百年来，无数百姓纷至沓来，其中最重要的主题之一是祈求平安。尽管人们祈福平安的目的各不相同，但是"登泰山，保平安"的文化思想一直延续至今，并逐渐形成了遍布全国的泰山香客队伍。每年从二月二龙抬头这一天，泰山的进香队伍就开始云集，进行朝山进香活动；三月初二、三月十五、三月二十八、四月十八都是重要的进香日子，队伍规模宏大，这一活动成为当今影响力最为广泛的泰山平安文化之一。

在泰山玉皇顶，泰山极顶1545米石碑外围的护栏上被游客挂满了各式连心锁，锁具上大都刻有"平安健康""财源广进"的祈福语。锁住平安幸福，就意味着平安幸福永久，这是人们的一种美好寄托和愿望。如今，系平安锁已经成为游客游览泰山的一项重要内容。

在登山路上，随处可见游客佩带的红色"泰山平安带"，有人把它扎在头上，或缠于胳膊，也有把它系在香炉或沿途树枝上，这都是祈求平安的表现形式。总之，无论是平安锁还是平安带，处处体现出泰山的平安文化色彩。

泰山极顶上的连心锁

系在树上的平安带

挂在树上的平安符

泰山可以佑护国家和平安定，推而广之，泰山上的石头也可以保佑家庭的平安。于是"泰山石敢当""泰山玉"也被人们赋予了镇鬼压邪、保佑一切平安的美好寄托。除了"泰山石敢当""泰山玉"外，很多人喜欢给泰山奇石配上底座，放在家中显眼位置，以求家宅安宁，家人平安。一些公园、单位门口等也经常放置比较大型的泰山石，也是同样的道理。

放置在客厅的泰山奇石（编者供图）

泰山石敢当文化园

　　泰山平安文化经过几千年的历史积累与演变，已经成为泰山文化中的核心文化。"泰山安四海安"并不仅仅是一句简单的祝福语，更是中国传统文化和东方哲学的重要体现。它给人带来的是温暖和希望，表达了人们对和平、安宁生活的追求与向往。泰山历来被奉为神山，代表着一种无形的力量，能够驱除邪魔、伸张正义。所以，泰山石也意味着正义与和平能够遍布四海，让每个人都能够获得平安和幸福。泰山平安文化向世界展示了中华民族以天下平安为诉求的核心理念，也是中国文化在全球传播中所体现出来的美好。

　　如果我们把黄河比作是中华民族的母亲河，母亲慈祥温柔如水，勤劳善良，她灌溉了大地，生长了作物，养活了先民，孕育了整个中华民族；那么，我们可以把泰山比作父亲山。父亲阳刚，高大伟岸，似岩岩之泰山，传递给儿女的永远是稳重、坚韧与刚毅之风骨，是战胜一切艰难险阻的信心、勇气和力量。

　　岩岩泰山，中华之魂。如今，当我们站在新的历史交汇点上，面对世界不同的文明发生冲突与碰撞的复杂形势，新一代中华儿女，只有继续弘扬优秀的泰山文化，赓续中华民族自强不息、开放包容的文化基因，汲取不同国家、不同民族创造的优秀文明成果，取长补短、兼收并蓄，为我所用，全面推进中国式现代化建设，中华民族伟大复兴的目标就一定会实现。

第七章

风物泰山

　　一方山水养育一方人，灵山秀水，孕育出泰山独有的风物和人文景观。泰安人以山为邻，以水为友，与自然和谐共生。风物泰山，是跨越千年的民风乡俗，也是先民生活智慧和生活趣致的见证，是今人对传统的坚守和创新。

碧霞祠冬韵

第一节
舌尖上的泰山

泰山以其包容博大的胸怀，成就其丰富深厚的文化底蕴，延绵至今。这些文化中不仅有诗书篆刻，还有历代帝王封禅遗迹等宝贵的文化遗产。根植于本地自然资源和传统中的泰山饮食文化，展现了当地人民的智慧与创造力。

山石崇拜造就泰山民俗，泰安的老百姓在每日的三餐饮食中，都在悄无声息地表达着他们对这座大山的敬畏与理解。

一、食味人间

泰山"三美"名扬天下，泰山的美食不仅美味，更因其丰富的文化内涵，耐人寻味。无论是帝王的封禅祭祀、贵族的宴饮，还是普通百姓一日三餐中的平淡馨香，饮食中都包蕴着光阴的流转，传递着人情的温暖。那些记忆中熟悉的味道，才是真实的烟火人间。

（一）泰山"三美"

泰山"三美"，何为"三美"，美在何处？其实"三美"是白菜、豆腐、水的合称。有人会感到奇怪，家家户户平常可见的白菜、豆腐、水，为何泰山的白菜、豆腐和水如此独特？那就让我们看一看泰山"三美"如何名扬天下的。

1. 泰山水

"靠山吃山，靠水吃水"，说起泰山"三美"，首先就不得先说一说泰山水。泰山的水可以说是大自然对泰山的恩赐。泰山水因其纯净甘爽，含氧量高，多稀有元素，低矿化度、无杂质，富含对人体有益的多种矿物质，深受泰安人喜爱。这是因为泰山

泰山三美汤

自古万物繁茂，雨量充沛，泰山山泉密布，河溪纵横，水资源极其丰富。丰富的水资源不仅形成了众多飞瀑流泉，溪水深潭等美景，还灌溉了周边良田，更重要的是其水质极佳。

据地质、水文专家考证，泰山泉水多属于裂隙泉。泰山上分布和裸露的岩石，基本上是早前寒武纪的结晶基底岩系，其中绝大部分是花岗质侵入岩。接受大气降水补给后，雨水渗入岩石的裂隙或缝隙中，经过汇集运移储存于地下，最后在有利部位溢出地表，形成了裂隙泉。泰山水源于山涧，经过高山幽谷的长途流淌，穿草逾林，沙滤石澄，得到了充分的净化，并溶进了各种对人体有益的微量元素，从而造就了泰山水的优良品质。近年来，经有关部门多次化验分析，分布于泰山陡崖沟边裂隙中的山泉，泉水无色无臭，清澈透明，甘洌味纯，是国内罕见的低钠天然矿泉水。据有关机构对泰山景区内的玉液泉、壶天阁泉（圣水泉）等八大名泉进行采样分析，泉水属低矿化度低钠中性矿泉水，水中含有锶、锌、铁、钴、钼、镍等 20 多种对人体有益的微量元素，达到了国家天然饮用矿泉水的标准要求。

泰安城中，每天有很多人天不亮就起床，他们不是早起看日出，而是上泰山去打水。取水的地点主要有：天外村大众泉、虎山公园附近王母池景区内的泰山涤尘泉，以及泰山东麓上梨园、东御道附近众多山泉。泰山天外村大众泉的水又甜又"硬"，有的居民要排队四五个小时，只为接上几桶。数以百计的泉眼，让取水人终日不断，他们手提肩扛，乐此不疲，从古到今，不曾间断。

泰城居民排队取水
（编者供图）

天外村附近大众泉取水处（编者供图）

2. 泰山豆腐

古代帝王为答谢上天的授命之恩登临泰山封禅，封禅前必"沐浴更衣、素食洁心"，在这样的背景下，泰山豆腐登上了皇帝御膳，为食俗的形成、发展奠定了基础，至明清达到鼎盛。

水是泰山豆腐的灵魂。泰山泉水高氧低硬度的特性，极易使大豆蛋白凝结，从而形成爽滑的脆嫩口感。泰山豆腐具有浆细水多、质嫩不流、洁白如雪、味道甘美、富有弹性等特点。因其久煮不老且豆香浓郁，在泰安有泰山神豆腐之称。

民俗学家认为，古代做豆腐有许多象征性意义，豆腐谐音为"兜福""都富"，有吉祥富贵之意。因此民间有很多与豆腐相关的民俗，如大年初一祈福全家人平安，人们吃清淡的豆腐馅水饺；清明祭祖，儿孙表诚心，用嫩柳叶拌豆腐；祝贺乔迁新居，人们也会以豆腐、豆芽作为贺礼等等。

经过千百年传承，泰山豆腐已不是简单的食物，而是人们以食寓意、以物寄情的精神财富，也是普通百姓表达对美好生活向往和追求的载体。

泰山豆腐不仅是泰山"三美"的主要食材之一，以泰山豆腐为主要食材的佳宴——泰山豆腐宴，也备受人们青睐。

泰山豆腐宴（图片源自网络）

泰山豆腐宴包括四美碟、四配碟的冷菜和十二道主菜在内的热菜。其中，十二道主菜代表了祭祀泰山的十二位帝王。豆腐宴的热菜，巧妙利用菜式造型，结合泰山平安文化，被赋予诸多吉祥寓意。菜品"有福同享"，是对舜帝登封泰山以及民间贴福字习俗的纪念，食材上

菜品"有福同享"（图片源自网络）

讲究，用青豆、核桃、海参、虾仁以及名列泰山四大名药中的白首乌搭配。

菜品"吉祥纳福"，是在继承康熙年间宫廷御菜"布袋鸡"的制作工艺上融入素食文化演变而来。"福气滚滚"则源自传统鲁菜"干炸豆腐丸"，乾隆皇帝曾品尝此菜并大为赞赏，赐名"龙眼金球"。

菜品"吉祥纳福"（图片源自网络）

菜品"龙眼金球"（图片源自网络）

泰山豆腐已经有2000多年的历史了，泰山豆腐宴从曾经的皇家御膳变成了现在百姓餐桌上的家常美食。

3. 泰山白菜

泰山地区的白菜并不是市场上售卖的普通白菜，而是具有泰安地方特色的黄芽白菜。这种白菜生于泰山之阳，汶水之滨，集中产区在范镇、山口、祝阳、夏张、大汶口等地。

泰山白菜以黄芽和青芽为地道的品种，形体细长，顶部向外翻卷，质地如金，好炒易烂，水分少、香味浓，汤色乳白，入口细腻滑爽。相传泰山脚下的白菜，在明清时被作为朝廷贡品。

水可种菜，又可研磨豆腐，聪明的泰安人，把三者熔为一炉，做成了一道淳美的一道菜，成为泰安人独特的美食——"泰山三美"。

"泰山三美"的推崇，也与明清以来民俗文化中吉祥与文化现象的兴盛密切相关。豆腐的谐音是"福"，白菜叶的颜色是绿的，谐音是"禄"，白色寓意"白眉"，即长寿，白菜豆腐集"福、禄、寿"的美好寓意。

泰山黄芽白菜（编者供图）

山有多高，水有多长，清澈甘甜的泰山水，滋润了群山万物，养育着泰山儿女。泰山"三美"，寄托着泰安人对淡泊生活的达观和对美好生活的期盼。

文化漫游

泰山三美汤的来历

早在明洪武时期，皇帝朱元璋登泰山，当时泰安县令宴请皇帝的招牌菜就是白菜豆腐。朱元璋曾在江淮出家，对白菜豆腐如数家珍，在泰山入宴之前，随行太监问县令："今天请皇帝吃什么呀？"县令回答："吃我们泰山最好的菜——白菜豆腐。"太监一听，心里自然不爽，道："你们泰山最好的菜就是这么老两样？"县令不知道说什么好。此时，朱元璋正好入席，再喝令改菜已经来不及，只好将就了。

菜很快就上来了，一只白瓷汤碗里，汤汁白似乳汁，豆腐白如脂玉，白菜则是白里透着淡淡的黄。光看这些，朱元璋就觉得舒服，夹一块豆腐尝尝，十分软滑，几乎是入口即化，却又有一点筋道，那味道甜而不涩，平时在宫廷吃的任何豆腐都无法与之相比。再吃一口白菜，细嫩，无筋，微含脆意；舀一勺汤，慢慢咂着滋味，清香、鲜美、淡远。

朱元璋高兴地直摇头。太监见朱元璋摇头，就在一边嘀咕，说这白菜煮豆腐也太潦草了，连虾仁都没舍得放，怎么这么对待皇上啊！朱元璋则说："这豆腐也美，这白菜也美，煮这道菜的水也美，真乃泰山三美也！"县令悬着的那颗心终于放了下来，而泰山的"白菜豆腐水"也从此更名，叫"泰山三美"，后来被收入孔府菜馔，并在各类豆腐菜品中始终占据冠军的宝座。

（二）泰山煎饼

泰山煎饼的起源与女娲补天有着密切的联系。西汉刘安《淮南子·览冥训》中写道："于是女娲炼五色石以补苍天。"从上面这些文言记载中，可窥见女娲补天与泰山煎饼的渊源。

上古神话传说中的女娲为了补天，取五色石以神火冶炼，补天上窟窿，以解救苍生。泰山脚下的老百姓仿照着这个传说，取用民间常食的五谷，类比补天的五色石，将其研磨成浆，做成了煎饼。俗话说"民以食为天"，泰山人将煎饼作为日日食用的主食，更是应了"食为天"的说法。

泰山煎饼（图片源自网络）　　煎饼的制作（图片源自网络）

早在宋代，便有了煎饼与补天这一民俗的详细文字记载。明代著名诗人杨慎在他的《词品》中说："宋以正月二十三日天穿日，言女娲氏以是日补天。俗以煎

饼置屋上，名曰补天"。意思是正月二十三被定为天宰日，在这天，泰山人取五谷做煎饼，并把煎饼放在屋顶上，这一习俗称之为"补天"。这其中的含义，一则是用以纪念女娲补天；二则，据资料介绍，二十四节气中的"雨水"日，一般在每年阳历二月十九日、阴历正月十九至二十三日左右，是日"天一生水"，多半有雨，在这一天用煎饼"补天"以祈求"雨顺"而五谷丰登。

制作煎饼主要工具叫作鏊子。在距今 6500 年—4600 年的大汶口出土文物中，就有一种叫"鏊子"的器具。此外还有正史可鉴。《泰安地方志》记载：明万历年间（1620 年），泰安城东羊楼村范氏分家契约中，有"鏊子一盘，煎饼二十三斤"。便可知煎饼已是泰安民间的主食。这也是有关"煎饼"一词最早的历史文字记载之一。

泰山煎饼与山东其他地方不同，一是主要原料为小米或玉米等多种粗粮，以小米原料制作的为上品；二是泰山煎饼加工前多了一道发酵工序；三是泰山煎饼薄如蝉翼，近乎透明。煎饼吃起来略带酸味，香软可口。

煎饼工艺有刮、摊、滚三类，泰山煎饼属于刮煎饼。将小米、玉米、高粱等粗粮磨细成糊，摊在鏊子上，边烙边刮即成。

制作泰山煎饼工具主要有三件：一是鏊子，鏊子是烙煎饼的专用工具，铁制，圆形，有大、中、小三种，中心稍凸，下有三足，其下用柴草或煤炭加热，上面即可烙制煎饼。二是手持用来推动糊子的工具，当地人叫"池子"，木制板状弧形，有柄。把糊子放在热鏊子上，快速用池子左右推摊，糊子便薄薄地摊在鏊子面上。三是油擦子，也被叫作"油搭子"，是用十几层布缝制的方形擦子，上面蘸透食油，用来擦鏊子，以防煎饼粘连鏊子揭不下来。

鏊子（图片源自网络）

文化漫游

鏊子的由来

传说很久以前，在山东沂蒙山区住着一户人家，丈夫名田壮，妻子名巧珍，日子舒坦，生活美好。当地有个恶棍心生邪念，捏造罪名诬告田壮。县衙差役将田壮抓入大牢，对其进行百般折磨。巧珍每天给田壮送饭，她想方设法给丈夫做味美适口的饭菜。巧珍把五谷杂粮用杵白捣成面糊，又把薄石板磨制光滑，打磨的像圆形海龟一样（起名"鏊子"），然后在烧热的圆形石板上将面糊摊成饼，得以烙成煎饼，再配上大葱、豆酱、泉水送给田壮。田壮在牢里吃着煎饼，喝着泉水，就着大葱，身体养得很结实。田壮觉着坐牢冤枉，就用大葱作笔，豆酱当墨，煎饼当纸，写诉状申冤，最后平安出狱。后来，田壮发奋读书，背着煎饼进京赶考，考上头名状元，所以煎饼又叫状元饼。巧珍磨制的圆石板"鏊子"，后世改为用生铁铸造，演化为今天带"金"字旁的"鏊子"。煎饼由此也被称为"状元饼"。

（节选自《五里庄的"长寿饼"》，中国小康网 2018 年 4 月 24 日载）

泰山煎饼薄如蝉翼，有关它的历史故事却丰富而厚重。875 年，黄巢起义军在泰山附近驻扎时，当地百姓曾以象征"天"模样的泰山煎饼相送，以求义军能得天下。也有传闻说，煎饼的起名在当时有取"兼并"谐音之意，虽无从考证，但也算是一种历史解读。

民国时期爱国将领冯玉祥与泰山煎饼也有一段故事。20 世纪 30 年代，抗日名将冯玉祥隐居泰山脚下，期间不忘苍生疾苦，处处体察民情，对泰山煎饼产生了兴趣。为了方便，他自建炉鏊，自摊煎饼。有一天，他看见煎饼上的焦痕像个文字，于是触景生情，立即派人去铁匠铺定做一个摊煎饼的鏊子，并让铁匠在鏊子中间刻上他写的四个大字——抗日救国。从此伙房用它摊出的煎饼都有"抗日救国"四个大字。招待客人时都摆上这种煎饼，借以宣传抗日救国。而且他还写了

《煎饼——抗日与军食》一书，详细介绍了制作泰山煎饼的方法和营养价值。后来他将这本书送给蒋介石，希望能解决抗日战争中军队的粮食补给问题。实际上，在后来的抗日战争和解放战争中，煎饼确实发挥了很大作用。

一方山水养一方人，一方饮食显一方风情。泰山人以煎饼为主食，而这一张薄薄的煎饼，却也彰显着泰山人的质朴与忠厚。

煎饼制作既是一门手艺，又是一门学问。在摊推"浆糊"时并不是一股脑的都摊洒在"鏊子"上面，而是面饼中间厚四边薄，因为鏊子中间在炭火烧制时热的比周边快，所以不能均匀受力。泰山煎饼形圆薄平，似乎寓意为人平易近人，而中间稍厚则寓意内心忠厚，凸显着泰山人的淳朴民风。

山东有句俗语："一盘鏊子烙日月，一张煎饼包天下。"煎饼用五谷杂粮做成，能包容一切食品，所以"一张煎饼包天下"同时含有承载天下的意思，这与泰山博大的包容精神不谋而合。如今，泰山煎饼已被列为泰安市第一批非物质文化遗产。

（三）范镇火烧

范镇火烧又称泰山火烧，为泰山名吃之一。因产于山东省泰安市岱岳区范镇而得名，为市级非物质文化遗产。

范镇火烧（编者供图）

据载，明朝洪武年间，徐氏家族随山西移民迁居于泰山脚下的范镇。清朝初年，徐世祖徐畅在大财主家做面点时，创制出外酥里软、风味独特的油酥火烧，深得当地乡绅喜爱，并获泰安知州一块题匾。乾隆四十六年（1781年），乾隆皇帝祭拜泰山，旨令第六代传人徐庭贵表演油酥火烧制作技艺。乾隆帝品尝后赞不绝口，亲赐御名"徐家烧饼铺"。

范镇油酥火烧圆润美观，层次分明，外酥内软，回味悠长。范镇油酥火烧用驴油、植物油、黑芝麻为佐料，驴油必须用上等的驴板油，具有很高的营养价值。范镇油酥火烧是泰山饮食文化的重要组成部分，为丰富泰山文化做出了重要贡献。

"范镇火烧"，已被列入泰安市非物质文化遗产名录。

二、觥筹之约

自古美酒配佳肴，有了舌尖上的泰山美食，必然少不了琼浆玉液。

（一）琼浆出岱下

泰山酒的历史源远流长，可追溯到距今五六千年的新石器时代——大汶口文化时期。大汶口文化遗址出土的大量酒器也证明，早在五六千年前，泰安就已经开始酿酒。

据考证，泰山封禅用酒就取自泰山脚下的酿酒作坊，清乾隆皇帝更是把泰山酒钦定为宫廷御酒。

泰山酒从工艺流程上讲，注重小窖佳酿，优质的原料、精致的窖型、精粹的工艺，造就了飘香数千年的泰山酒。窖香淡雅，醇和绵甜，余味爽净，使泰山酒成为鲁酒的典型代表之一。一直以来，泰山酒用富含矿物质的泰山龙潭水脉的泉水，以优质高粱、小麦、豌豆为原料，经陈年老窖发酵而成，具有清澈明亮、浓香醇厚、甘绵悠长、入口净爽的独特风味。

自古文人爱美酒，趁着醉意挥毫泼墨是人生一大快事。孔夫子就以小酌泰山酒为乐。据说孔老夫子有两个爱好，一是在盛夏身着宽大长袍，坐着牛车到泗水河沐浴，去体验"逝者如斯"的感受；二是到泰山痛饮泰山酒，于微醺中登临岱顶，去领略"登泰山而小天下"的境界。

唐代大诗人李白曾在泰山隐居过，无疑与泰山酒的好品质有着莫大的关系。李白号称"酒仙"，一生遍游九州，每到一处，"但愿长醉不复醒"。他一生创作了很多写酒的诗篇，在泰山王母池畅饮后，从中路沿历代帝王登山封禅的御道直达山顶，登上南天门时，泰山脚下酿酒作坊飘来的酒香，使他挥笔写下了"朝饮王母池，暝投天门关。独抱绿绮琴，夜行青山间"（《游泰山六首·其六》）的诗句。

此外，还有杜甫、竹林六逸等诗人，他们或是饮了泰山酒，诗兴大发，留下了千古名句；或是长期隐居在这儿，乐不思归。

（二）席中佳味浓

美酒佳肴便成席。在泰安地区，老百姓经常会把参加酒宴叫作"坐席"或者"吃席"。这个叫法，正是从古代筵席制传承而来。古代人饮酒是席地而坐，筵和席都是铺在地上的坐具。《礼记·礼器》记载："天子之席五重，诸侯之席三重，大夫再重。"寻常人家在婚嫁、喜庆、款宾待客时在筵之上加席就更加体面了。后来人们逐渐将酒摆在长凳、长桌、方桌、圆几上，到明代开始使用八仙桌，以8人为宜饮酒。至康熙年间出现了圆桌，4人、8人皆可围桌宴饮。

经过漫长的历史衍变，各地的宴席不仅自成体系，更各具特色。泰安的宴席文化更是演化出了多种形态，如十全席、八赶八席和四八席等。

1. 十全席

古时，历代帝王祭祀时的宴饮活动对泰山地区的饮食文化产生了深远影响。其中，作为泰安地方民俗宴席根基的十全席，就是在此基础上发展形成的。

十全席由12至24道菜品组成，菜品数目不同，宴席寓意有所区分。如12道菜品组成的十全席，寓意年年吉祥，14道菜寓意年年有余，16道菜寓意喜庆有余，而由22至24道菜品组成的宴席则称为双十全席。

十全席菜品朴实，选料广博，讲究礼数，具有浓郁的泰山地方民俗特色。十全席首先上的是干鲜果盘，而后上四个平盘菜，接着依次是第一个大菜、四个汤盘菜，紧跟着上第二个大菜以及行菜、饭菜。大件菜穿插在宴席间，起到明示宴席"规格"的作用。两个大菜多须整鸡整鱼。

琳琅满目的菜品，觥筹交错的酒礼，一桌十全席从宾客入席到离席，就像是一场舌尖上的民俗文化盛宴。

2. 八赶八席

《泰山市志》中记载，一桌完整的八赶八筵席包括八个什果、四个压桌、八个凉菜、八个行菜、八个汤菜、八个大碗菜、八个大件以及四个调味菜。八个什果就是八盘甜点，最先摆在八仙桌正中，等菜的过程中客人们可以先拿甜点充饥，随后席上会再端来八个凉菜，这八个凉菜包含四味碟，多是方便下酒的菜。

新菜上桌后，坐在上首的人动筷，其他人才可"随食"，待"酒过三巡"，经坐在上首的人授意后方可"随意"品菜。接着上醋墩子，醋墩子是一大碗醋，客人可以拿小勺将醋倒入自己的小碟子中，以解大鱼大肉之腻感。随后八个平盘

八赶八席（编者供图）

开始上桌，一个汤盘压一个行菜陆续都端上来了，紧接着上八仙桌的是重头戏八大件，到吃饭时还要上两个下饭菜。筵席进入尾声时，端来玉米饼粥和高桩馒头或泰山驴油火烧。酒席结束时，须有上首发话后才能起座结束。

3. 四八席

在泰安的宴席当中，规格最高的就是四八席。

传统的四八宴席，每席以八人为限，以用餐具 32 件而得名四八，同时含有"四平八稳"之意。四八宴席有 24 道菜，即四铺桌、四压桌、两大件、八大碗、四小碗、两糕点。四铺桌即四个果碟，常用花生粘装碟；四压桌即四个凉菜碟，常常是松花蛋和猪下货制作而成；两大件即整鸡、整鱼；八大碗是大碗盛的鸡丝、瓦块鱼、水晶丸子、红肉、白肉、肉丝、银耳、海米白菜八个菜；四小碗中拔丝山药、鱼棒两个菜是固定的，其余的两个菜是青菜炒肉，青菜随时令的变化而改变；两糕点即两样点心，多数是芝麻片和细粉糕。特别隆重者，还有重八，八个大碗的菜肴要上两遍。在重八两大件的基础上，再加两个大件，是规格最高的宴席，即重八四大件。

四八席（编者供图）

（三）彬彬有"礼"

特色的美食，醇香的佳酿成就了一桌盛宴。齐鲁大地作为孔孟之乡、礼仪之邦，在觥筹交错中依然在延续这种礼仪。先贤们以酒为礼，形成了以宴席为载体的酒礼文化，其中最为典型的就是乡饮酒礼。

泰安宁阳县有个距离曲阜市不足 20 公里远的乡镇，叫乡饮乡。这里曾是孔子带领弟子演习"乡饮酒礼"之处，乡饮村因此而得名。乡饮酒礼是周礼中有关饮食生活的礼仪，是专门用于士大夫乡间聚会的礼仪。宁阳的"四八宴席"正是乡饮酒礼遗风的现实摹本。

宁阳"四八宴席"在内容和程序上，比照周礼的"乡饮酒礼"虽有损益，但基本框架依然保存较为完整。它所要表达和彰显的是一种"尊贤养老之义"。"四八宴席"的座次安排就体现出这种人际关系。摆设"四八酒席"的餐桌是老式八仙桌，每桌宾主限 7 至 8 人，以 7 人为最佳。八仙桌一般置于正房中间，坐北朝南（若在别室，则以主宾面朝房门为准）。座次安排以左为上，主宾居北面东首，主陪居北面西首，其余随从客人或陪客于两侧就座。每席一般主要宴请一位客人，即主宾；主陪一般为当地官员、家族族长或乡里名士（主人德高望重也可自任主陪），以与主宾有共同语言为佳。如果同席宴请多位客人，则其余座次也必须精心安排。以五位来宾同席就座为例：次宾居东侧靠里，挨着主宾；三宾居西侧靠里，挨着主陪；四宾挨着次宾，五宾挨着三宾。在宴席上，被安排为第几宾，有约定俗成的规矩，例如亲疏不同，则疏者居前；辈分不同，则辈高者居前；长幼不同，则长者居前。尽管如此，居前的客人在落座之前仍然要谦让一番，否则便会被认为不懂礼仪。副陪的座次面对主宾，是宴会的司仪，要负责布菜、满酒（斟酒）诸项事宜。

再如，上菜顺序和放菜位置也极其讲究。所有菜肴上桌顺序井然有序，每道菜肴上桌之后，都要靠近主宾置放，主陪要先让主宾品尝，然后其他人才能取用。上整鱼时必须头朝东南方向，还要讲究"文腹武背"，即主宾若为文士，就要以鱼腹面对主宾；主宾若为武职，则要以鱼背朝向主宾。

在品尝美味的同时，酒礼穿插其中，吉祥劝酒、相互寒暄。自古以来，从达官贵人到平民百姓，筵席成为招待宾客的主要礼俗活动，它在增进人与人之间的感情，传承尊老爱幼、礼尚往来中发挥了重要作用。

三、山水禅茶

俗话说，好山好水出好茶。泰山的水系十分发达，"山多高，水多高"，泰山山泉密布，河溪纵横，山上共有山泉72眼。泰山自古被称为神山、圣山，泰山泉水也被称为神水、圣水，泰山泉水里含有20多种对人体有益的微量元素，泉水清澈透明，用泰山泉水不仅可以做出味道鲜美的豆腐，用泰山泉水泡出来的茶，茶水颜色好，味道纯净。

（一）南茶北饮

柴米油盐酱醋茶，茶是中国人生活中的必需品。《茶经》的作者茶圣陆羽为人们所熟知，实际上唐朝还有一位在茶文化史上影响深远的茶学大师。他与茶圣陆羽齐名，被世人称为"茶中之佛"，他就是中唐时期灵岩寺寺主降魔藏禅师。

北方饮茶之风始于降魔藏禅师，是他将原本属于南方人的饮茶习俗传播到了北方，遍及全国。

唐代封演所著的笔记小说《封氏闻见记》卷六《饮茶》有云："开元中，泰山灵岩寺有降魔师大兴禅教，学禅，务于不寐，又不夕食，皆许其饮茶。人自怀夹，到处煮饮。从此转相仿效，遂成风俗。"

泰山西北麓的灵岩寺始建于东晋，距今已有1600余年历史，佛教底蕴深厚。

大唐开元年间，降魔藏禅师来到灵岩寺，大兴禅教。他在传法修行中，严格遵循其师北宗大德神秀德的遗教，施行循序渐进的坐禅之法。要求僧众不吃晚宴，并尽力延迟睡眠时间，通过磨其意志，苦其身心逐渐达到禅悟的境界。但时间一长，僧众们难免饥饿，昏昏欲睡。

于是，降魔藏禅师便让侍者取来苦茶之叶，煎煮后让众僧大口饮下，清心明目，横扫困意。配以素食茶点，有一定止饿效果。深夜修禅便不再有人瞌睡饥饿。在降魔藏禅师禅教期间，有很多士大夫、贵族阶层慕名而来，请经问教，禅师也以茶招待。大家纷纷效仿饮茶之道，饮茶自此蔚然成风。

饮茶与参禅有着相通之处，都是追求精神的提纯和升华，也便有了"禅茶一味"之说。

禅茶一味，就是说禅理和茶理是相通的。欲知道茶是什么味道的，只有喝了才知道。若想知道禅到底是什么，只有自己亲身经历了才知道。因此，所谓禅茶一味，都是指向的只有亲身经历才能感知真正滋味。

（二）泰山女儿茶

提到泰山茶，家喻户晓的便是泰山女儿茶。

《红楼梦》第六十三回中有一段情节：贾宝玉"怡红开夜宴"之后，恰逢林之孝家的带了几个女人来巡夜，问起宝玉睡了没有，并吩咐袭人，该给他沏些普洱茶吃。袭人和晴雯应答："沏了一壶女儿茶，已经吃过两碗了。"

小说中写到的女儿茶，有人认为产自泰山之中。明代嘉靖年间所修《泰山志》记载："茶：薄产岩谷间，山僧间有之，而城市则无也。山人采青

泰山女儿茶舍

桐芽，曰女儿茶。……清香异南茗。"明万历年间文士李日华在《紫桃轩杂缀》亦记载："泰山无茶茗，山中人摘青桐芽点饮，号女儿茶。"同为万历时期的泰安诗人宋焘在《我思泰山高》诗中写道："携我寻真者，酌彼以青筒（桐）。至味元无味，恬然自不穷。"这便进一步证实了女儿茶的真实性。清聂剑光《泰山道里记》载，"泰山西麓扇子崖之北，旧多青桐，曰青桐涧。山民多到此掘取桐芽，以法炮制，用泰山泉水冲饮，清香爽口，因桐芽鲜嫩如少女，故而有'女儿茶'之名"。

从这些文字描述中，可以看出，最早的女儿茶并非真正的茶叶，而是采自泰山西麓扇子崖深涧青桐涧中的青桐芽炒制而成，像一位自深山走出的玉女闺秀，青涩而又耐人寻味。

在泰山登山盘道的四槐树景点处，有一家泰山女儿茶舍，有诗这样描述它，"有舍半山崖，木雕桌凳滑，攀登至茅舍，稍息品茗茶"。据说这家女儿茶舍已经有30多年的历史了。游客行至此处，进舍品茶，老板所用的都是自家采摘的青桐芽。而这青桐芽也正是最初泰山女儿茶的本真。

如今市场上流通的女儿茶早已不再是明清时期的青桐芽叶，而是随着茶叶种植在北方的推广，培育的茶树树种。

泰山女儿茶的新茶品质极佳，原料采摘多为一芽一叶，条索紧实，叶体肥厚坚洁，冲泡开来，茶叶徐徐舒展开来，似少女翩翩起舞。茶色碧绿清澈，饮之有醇厚的板栗清香味道。

目前可查的最早的泰山种茶资料之一，是宋初滕白《题文川村居》，诗中写道："种茶岩接红霞坞，灌稻泉生白石根。"泰山大儒石介也有诗云，"菜色青仍短，茶芽嫩复黄"，说明了已有小规模茶树种植。宋焘更有"步来野寺同谈果，锄罢荒畦自种茶"的诗句，说明茶叶种植在泰山及其周边已成自发趋势。

民国时期，1933年8月至1935年10月底，爱国将领冯玉祥第二次隐居泰山时，曾经引种茶树，并将江苏友人赠送的万株茶树，分送泰安各地试种，并派人到南方考察种植方法。

中华人民共和国成立后，党和政府多次号召引种茶树。20世纪60年代，山东实施大规模南茶北引，泰安成为成功引种茶树较早的地区之一。20世纪70年代是泰安茶叶产业的第一次大发展。时至今日，在泰山南麓的樱桃园以及其他县市区还能找到这一时期的茶树，甚至有些还在发挥着经济效益。

进入21世纪后，泰安市委、市政府高度重视泰山茶业发展，将泰山茶业列入

农业产业振兴规划，泰山茶产业取得了初步成效，种植规模明显扩大，品质不断提升，成为泰安标志性旅游产品之一。

（三）泰山茶俗

1. 双束碑上的茶宴

岱庙东碑廊中的双束碑上，记载着唐贞元年间在泰山王母池举行的一场独特的茶宴，这也是我国最早关于茶的石刻记录之一。其中有一处提到"茶宴于兹"，其中的"茶"字就是"荼"字早期的字形，"荼宴"即是"茶宴"。

茶宴又称茶会，是以茶代酒作宴，宴请款待宾客之举。茶宴始于南北朝、兴于唐代，盛于宋代。

茶宴起先多在宫廷及寺院中举行。宫廷茶宴通常在金碧辉煌的皇宫进行，气氛肃穆庄严，礼节也相当严谨；所用茶叶多为明前贡品，茶具也颇为名贵，用水为清泉玉液。茶宴

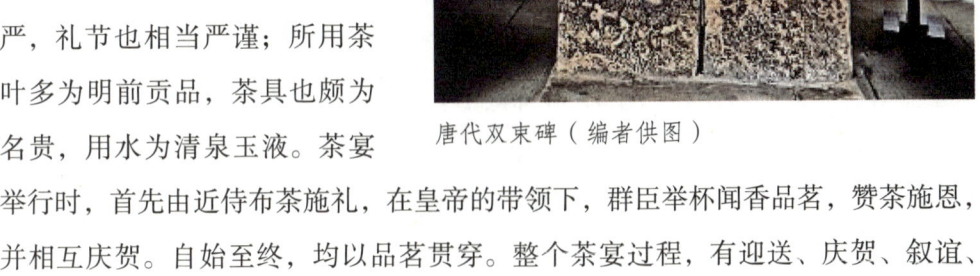
唐代双束碑（编者供图）

举行时，首先由近侍布茶施礼，在皇帝的带领下，群臣举杯闻香品茗，赞茶施恩，并相互庆贺。自始至终，均以品茗贯穿。整个茶宴过程，有迎送、庆贺、叙谊、观景等仪式。

寺院里的茶宴，则多在僧侣间进行，仪式开始时，众僧围坐在一起，由该寺住持法师按一定程序泡沏香茗，以表敬意，再由近侍献茶给众僧品尝。僧客接过茶，打开盖碗闻香，举碗观色，再品茗，并发出"啧啧"声，用以赞赏主人的好茶和泡沏技艺。随后进行茶事评论，诵佛论经，谈事叙谊。

后来茶宴逐渐演化为"三茶六酒、祭天祀神"的习俗。程序一般是将茶献于神前，请神享受茶之香味，再由主祭按照严格程序调茶，包括烧水、冲沏、接献等，以表示敬意。祭祀结束后，以茶泼洒大地，告慰神灵，乞求平安。

2. 白龙池旁的茶祭

泰山西徕峰下的白龙池上有题刻："回自百丈泉，烹茶鼓琴，以终清兴"。记载了宋代的君臣以茶作为祭品，祭祀掌管降雨的泰山白龙神。这则题刻写出了自龙池上弹琴煮茶，与龙神共欢的景象。

历史上热衷饮茶的皇帝宋徽宗门派重臣钱伯言到泰山"催视岳祠"，还特地颁给他一款宫廷极品白茶"御苑玉芽"，赴白龙池致祭。有碑文记载，"遂游白龙潭，奠御苑玉芽于水中"，表明钱伯言确曾投茶入池作为祭礼，祈求白龙神保佑风调雨顺、国泰民安。这些文字记载的正是泰山茶俗往事中的茶祭。

"无茶不在丧"的观念，在中华祭祀礼仪中根深蒂固。上到王公贵族，下至庶民百姓，在祭祀中都离不开清香芬芳的茶叶。茶叶不是达官贵人才能独享，用茶叶祭扫也不是皇室的专利。无论是汉族，还是少数民族，较大程度上保留着以茶祭祀祖宗神灵，用茶陪丧的古老风俗。用茶作祭，一般有三种方式：以茶水为祭，放干茶为祭，只将茶壶、茶盅象征茶叶为祭。

3. 香社义举的茶施

明清时期，由于碧霞元君信仰盛行，天下香客信众纷纷结社进香，出现了众多进香泰山的民间"香社"。泰山周边的香社为了解决外地香客长途跋涉的饥渴之苦，便联络各地香社发起以广善行、结善缘为宗旨的施茶活动，善士沿山设置茶水，供香客饮用。

现在登山入口处的万仙楼门洞中，就有明万历年间少保兼太子太保、兵部尚书萧大亨率领莱芜县善众所立的《施茶碑记》，记述当时该县施茶之事，"同名香社各出已资集一处，普舍施茶，八方往来人等，济饥渴之后，缘登山饮水。于就顶路红门以上三元宫中，寓居施茶三载"。

泰山以南，宝金山也有道光年间的一方"引水施茶碑"，记载了村人"于乡更约一会，老弱者施以茶"的善绩。另外还有泰城附近付家庄、寨子庄，以及今济南长清区，聊城荏平等区香社所立的施茶碑。

泰山香社施茶习俗，随着明末清初东岳庙会在全国各地的建立，也流行到全国。中国民俗学的先驱顾颉刚等20世纪20年代在北京妙峰山调查中，碧霞元君庙会及香社施茶施粥情况占了主要内容。

第二节
非遗风韵

千年古韵的泰山，一张张"非遗与民俗"文化名片在泰山脚下的这片多彩土地上惊艳绽放。泰山石敢当、泰山东岳庙会、泰山石刻碑拓技艺承载着厚重的地域文化特色；泰山皮影戏、道教音乐、端鼓腔、徐家拳、陈氏指画独树一帜，汇聚成绚丽的非遗风韵。

一、泰山信仰

泰山山川壮丽，历史文化底蕴深厚。作为泰山文化重要载体的泰山东岳庙会，历经千年，沿袭至今，焕发出璀璨夺目的风采。

源于上古的泰山崇拜，泰山因"封禅"而"尊贵"，百姓因"信奉"而"敬畏"，在这一特殊的文化氛围中，泰山之神——东岳大帝君便出现在世人面前。

东岳大帝泰山神像（岱庙天贶殿内）

明代碧霞元君铜像（存于岱庙，编者供图）

鸟瞰岱庙

唐宋时期，信众云聚泰山，祭山拜神，朝山进香逐渐形成了早期的庙会形式。宋真宗封禅泰山之时，正式确立了泰山神（东岳大帝）生日——农历三月二十八日。此后每年这一天，香客齐聚岱岳观庆贺。后来进香地点改为东岳庙（现为岱庙），东岳庙会正式形成。从现存的岱庙天贶殿壁画《泰山神启跸回銮图》可以看到人们对东岳大帝的信仰与崇拜，泰山东岳庙会开始延续。

明清时期，人们认为碧霞元君至善至美，聪明机智，勇敢善良的女性形象深入人心。为了吸引更多的香客和赶会者，泰山东岳庙会把庆贺东岳大帝和碧霞元君二神诞辰作为主题，庙会规模更大，持续时间更长，影响也更加深远。

随着对碧霞元君的崇拜达到顶峰，天南海北的信念纷至沓来，香社应运而生。泰山作为最重要的进香之地之一，香客们不顾路途遥远前来赶会，先拜岱庙东岳大帝，一路焚香膜拜，直到山顶再拜碧霞元君（泰山奶奶），祈福消灾，形成独特的泰山民间信仰文化。

现存于岱庙的铁塔，是河南开封一带信众捐款铸造。塔外侧铸有全部捐资者姓名籍贯，仅残存的塔体上就有两万多人，这是泰山现存捐资最多的进香文物之一。可见当时到泰山朝拜进香的泰山香社，已达鼎盛时期。

民国年间，冯玉祥将军隐居泰山，创作了一首社会风俗诗歌《庙会的市面》：

> 赶庙会，开市场，各种货物来四方。有洋货，有土产，还有大喝小吃馆。这一边，摆面摊，台橙板桌都齐全。爹揉面，娘烧炉，生意买卖儿照顾。那一边，更热闹，汉子张口大声叫。酸梅汤，荷兰水，价格便宜味鲜美，有老少，有男女，杂乱拥挤来复去。买者少，看者多，腰里没钱没奈何。乡民苦，乡民穷，金钱日日外国送。说缘由，话根底，生产赶早用机器。

诗中内容真实呈现出庙会热闹的场景和经济萧条景象，二者形成强烈对比。

东岳庙会绵延相传，始于唐，兴于宋，鼎盛于明清，衰落于民国，复兴于今。如今的泰山东岳庙会如同凤凰涅槃，展示着千年泰山的历史积淀。独具魅力的非遗曲艺，惊心动魄的游艺竞技，美轮美奂的民间技艺，琳琅满目的旅游商品，庄严宏大的封禅祭典，成为泰山最具生命力的非物质文化遗产和民俗文化景观。

明代铁塔（存于岱庙）

　　一年一度的泰山东岳庙会让世世代代的朝山进香人完成了信仰之旅，也为更多的泰山非遗项目提供了展示空间，让千年非遗遗韵薪火相传。

东岳庙会场景

二、皮影明珠

泰山东岳庙会上，有一种喜闻乐见的民间艺术，以其独特魅力穿越时光，流传至今，那就是泰山皮影戏。泰山皮影戏被称为"国宝泰山文化活化石"，2007年被列为国家级非物质文化遗产。

作为中国民间传统艺术的皮影戏，历史悠久，底蕴深厚。它不仅是百姓茶余饭后的娱乐活动，更是民族文化的表达与传承。在皮影方寸之内，演绎着人间百态，在古今交融之中，传递着文化的力量。

泰山皮影戏是山东皮影的核心流派，始于明代，兴于清末。清朝末年，泰安城东翟氏家族以家传方式从事皮影艺术的活动。翟氏族人用生牛皮或驴皮制作成人或物的剪影，雕刻刀法简约刚劲，影图追求神似，着色对比强烈；唱腔刚中有柔，以山东大鼓为主。灯火摇曳，锣鼓喧嚣，一方舞台，一张幕布，一人操纵影人，唱念做打，栩栩如生。泰山皮影戏剧目地域色彩鲜明，系列剧《泰山石敢当》《碧霞元君》均以泰山神话传说为蓝本。鼎盛时，泰安城的大街小巷活跃着十几个皮影戏班。现今，仅有范正安家族坚守延续这一非遗项目。

岱庙非遗文创市集中的泰山皮影戏（编者供图）

中国非物质文化遗产泰山皮影戏传人范正安

国家级非遗泰山皮影传承人范正安（右二）为外国留学生演示泰山皮影

范正安，泰山皮影戏第六代传承人，是目前中国唯一完整保留"十不闲"绝活的人。作为皮影界的中华绝技传承人：脑中想词儿，口中唱曲儿，手里舞人儿，脚下踩槌儿，全身儿协动，一人抵十人，吟唱着泰山非遗故事。让泰山皮影戏和"十不闲"绝技走出博物馆，进行公益演出，宣传泰山皮影；走进校园，让更多的孩子热爱传统艺术。

有"中华达人"之称的范正安，"一见皮影定终身"，秉承着传承和创新，对泰山皮影技艺执着坚守，对曲目内容和参与形式尝试突破，让泰山皮影戏不再是一个人的古老绝技。在让更多的人惊叹皮影技艺之时，感受中华优秀文化的博大精深，让承载着泰山文化记忆的非遗故事唱响流传。

范正安说："泰山皮影之所以受欢迎，是因为它生发于泰山，由泰安人表演，讲的是泰山的故事。泰山皮影就是泰山文化，人们所要寻找的也正是这种久远的腔韵。"泰山皮影戏讲述着发生于泰山的故事与传说，吟唱着泰山率真豪爽的风情，记录着泰山人永不言败的挑夫精神，蕴含着和谐创新的泰山精神，传承着丰富多元的泰山文化。

三、泰山石敢当

漫步岱庙，泰山石敢当文化展在天贶殿西侧廊房内展出，来自大江南北的 12 块精美石碑藏品、36 幅朱砂红拓片陈列，向世人诉说着它的悠悠历程。

泰山石敢当源于古老的泰山地区。传说远古时期，残暴的蚩尤登顶泰山狂呼："天下有谁敢当？"女娲恼其狂妄，投下炼石，上书："泰山石，敢当。"蚩尤仓皇逃窜。为了震慑蚩尤，黄帝乃遍立"泰山石敢当"，最终战胜蚩尤。后来又出现了"姜太公在此，诸神归位"的太公自封"泰山石敢当"传说。从此，泰山石敢当成为人们对家园安宁向往的保护之石，成为威震四方、抵御邪恶势力的英雄之石，并延续至今。

泰山石敢当是泰安人民的石制镇物。不同时期和不同地域的石敢当，造型各异，门前屋后、村道路巷岔口、桥梁河道两侧皆能看到泰山石敢当的身影。经过历史的沉淀和传承，"泰山石敢当"习俗文化发扬光大。2005年 8 月 31 日，泰山石敢当习俗

泰山石敢当（岱庙东御座外西南隅，编者供图）

被国务院公布为第一批国家级非物质文化遗产。

　　早期的石敢当习俗，源于古人对灵石崇拜以及对泰山的信仰。相传汉武帝登泰山，认为泰山石具有保佑家国的灵性和神力，于是带回去四块泰山石，放置在未央宫的四角。民间也出现了许多充满神秘色彩的悬壶济世的"石大夫"，英勇敢当的"石将军"传说故事，塑造了一个又一个一身本领保四方的英雄形象。这些口口相传的传说和石刻被赋予镇压邪气、化解灾厄的独特灵性和神力。于是，石敢当镇宅辟邪，保平安的信仰在民间流传开来。

泰山石敢当将军像（天贶殿西廊房，编者供图）

泰山石敢当塑像

泰山石敢当朱砂红拓片（存于天贶殿西廊房，编者供图）

史书中关于石敢当的记载出现于西汉史游《急就章》，"师猛虎，石敢当，所不侵，龙未央"。后来发现唐朝末年的镇宅石上也出现"石敢当"字样。

王象之《舆地碑目记》记述宋朝庆历年间，福建莆田县令张纬维修县治时出土一块石碑，上刻"石敢当，镇百鬼，厌灾殃，官吏福，百姓康，风教盛，礼乐张"等诸字。这是国内最早的石敢当实物出土的记载之一。

随着泰山信仰的发展，由于泰山石敢当的平安祈福内涵，符合人们对平安祥和生活的期待，在民间甚为流行，形式更为丰富。明清时期，石敢当和泰山石敢当开始并存，泰山周边出现了很多祭祀石敢当的庙宇和石敢当题材年画。

今天的泰山石敢当，俨然成为"城市文化大使"。敢于支撑万钧的石敢当，虽历经岁月，仍静静矗立，默默守护一方安宁。泰山石敢当不仅是中国传统文化的璀璨明珠，更是承载着人们追求平安幸福的美好期望。东岳庙会、皮影戏、石敢当，宛如璀璨明珠，闪耀在中华文化这片星空之中。这三张重要的泰山非遗文化名片，讲述着泰山风物，坚守着平安信仰，让世人探寻着古老而神秘的泰山文化，成为凝聚华夏儿女情感的纽带。

《泰山石敢当》剧照

第三节
物华天宝

一、木鱼石的歌唱

有一个美丽的传说

精美的石头会唱歌

它能给勇敢者以智慧

也能给勤奋者以收获

只要你懂得它的珍贵呀啊

山高那个路远也能获得

嗨……

石头会唱歌，神奇不神奇？电视剧《木鱼石的传说》主题曲《一个美丽的传说》曾经在 20 世纪 80 年代中期风靡全国，在当时可谓脍炙人口，广为流传，无论老少都会唱上几句。但可能很多人不知道，木鱼石其实是地地道道的泰山特产。

自古高山出灵石。木鱼石便是其中的一个代表。泰山木鱼石是一种非常罕见的空心石头，俗称"还魂石""凤凰蛋"，象征着如意吉祥。

木鱼石最早产于泰山山脉馒寿山（又名馒头山，今属济南长清区），相传形成于寒武纪中期地质时代，是浅海中经化学沉积形成的一种珍贵的矿产资源，距今约 5.5 亿年。因其特有粉晶结晶结构和酷似木纹的纹理，也被称之为木纹玉、石中黄子、太一余粮、禹余粮，是独产于泰山的一种石头。

关于木鱼石，还有一段有趣的传说。相传，年事已高的雍正皇帝一直因为皇位继承的问题而发愁。思来想去，想出一个办法，要求皇子们去寻找一种会唱歌的石头，谁找到就将皇位传予谁。而雍正之所以这样做，一方面是培养皇子们吃苦耐劳的精神，另一方面也是希望他们可以体恤民情，将来能够以仁治国。

皇子们觉得很奇怪，世界上哪有这种会唱歌的石头呢？碍于君命不可违，他们只好奉命行事。多数皇子只是将"寻石"作为游山玩水的由头，无果而终，时日一到就班师回京，唯有乾隆与其他人不同。

乾隆热衷游山玩水，最喜欢去两个地方，一个是江南，一个是泰山。雍正十分喜爱这个儿子，对此次出游，还专门为他配了一位"老师"兼"玩伴"，此人就是大名鼎鼎的才子王尔烈。

一路游历下来，二人相谈甚欢，乾隆由此收获良多。但苦于江南始终没有找到那块"会唱歌的石头"，两人便又辗转来到了泰山。

乾隆在山中又累又渴，途径一个茶棚，便在此歇脚讨茶喝。他接过老者递过的茶水，浅尝一口便觉心旷神怡。心中疑惑，这茶为什么如此好喝，手中茶具也未曾见过，很是特别。于是便询问老人家，这茶水甚好，是否有何独特的烹茶技巧？这茶杯初见似木，掂量却沉如石，又是何物？

卖茶老翁回答，这杯子乃是用木鱼石所做。这种石头有着木头一样的纹理，敲一敲还能发出叮叮咚咚悦耳的声音，由此得名"木鱼石"。茶叶之所以香甜也是拜这种茶器所赐，此物所盛之茶不仅口感好，而且长期饮用还能令人延年益寿。

木鱼石茶具

乾隆闻言不禁大喜，这不就是此行所要找的"会唱歌的石头"。于是，乾隆便带了木鱼石茶壶回去复命。此后顺利登上了帝位，还下令将木鱼石作为岁供。传说，乾隆也是因木鱼石活到了80多岁，成为中国历史上为数不多的高寿皇帝。

王尔烈也曾这样评价木鱼石："这块山石，其实一文不值，但不登泰山，不知山高；不涉沧海，不知水深；不于民间苦行，怎能分辨忠奸善恶。"

木鱼石的传说，其内涵正是中国传统文化中重视民本的思想体现。

木鱼石作为一种罕见的空心矿石，主要由褐铁矿组成，在我国大多数药学著作和药典中均有记载，《神农本草经》记载，"久服可延年不老"；《本草纲目》记述，"久服耐寒暑不饥，轻身延年不老、除邪气"。许多中药方剂中都含木鱼石，其有止血、止泻之功效。

现代医学也证明，木鱼石具有提高免疫力、抗衰老等作用。它的主要成分为三氧化二铁，并且还含有镁、钠、锌、钙等人体所必需的多种微量元素。试验证明，水在木鱼石器具中放置一个小时以上，水中溶解的微量元素和矿物质的含量即能达到国家矿泉水的限量指标。

同时，因为木鱼石中的稀土元素含量适中，防腐和通透性好，即便是盛夏时节，用它存放的茶水，5天内仍可饮用，不会变质。木鱼石做出来的茶具可以和宜兴的紫砂茶具相媲美，因而就有了"南有紫砂壶，北有木鱼石"的说法。

随着科学技术的不断创新发展，木鱼石加工也呈现出了多样化，我们现在经常能够看到木鱼石茶具、酒具、餐具，还有木鱼石水罐等储水器具和各种精美的雕刻工艺美术品等。目前泰安市生产的木鱼石制品有上百个品种，产品远销海内外，荣获中国商品博览会金奖，并被第四次世界妇女大会指定为专用产品。

二、鱼中之龙

泰山螭霖鱼，又名赤鳞鱼，是泰山水哺育出的独有的珍稀鱼种，是山东省唯一受重点保护的淡水鱼类，2012 年列入国家二级保护动物。它与云南洱海的油鱼、弓鱼，青海湖的湟鱼，富春江的鲥鱼并列中国五大名贵珍稀淡水鱼。

螭霖鱼何以谓之鱼中之龙呢？《泰山药物志》记载，"螭霖鱼因螭头喜霖而得名"。其一，从外形来看，螭霖鱼的外形酷似龙生九子中的螭吻。有的学者在他的文章中这样描述，"方头巨口，龙须龙目，整个鱼头似龙而无角，因而得名"螭"（无角龙），以其性喜雨而得名'霖'"。螭霖鱼形态具龙相、龙威，龙潜于渊，常常被人们视为龙的化身。在有关螭霖鱼的传说中，它作为潜藏山中的精灵，知恩图报，惩恶扬善，与中国传说中作为正义化身的龙相吻合，因此称为鱼中之龙。

泰山螭霖鱼

其二，螭霖鱼外形独特，具有很特殊的生活习性。螭霖鱼生性既不耐热又不耐寒，只能生活在海拔 270 米到 800 米，温度在 2℃到 28℃的泰山溪水中。螭霖鱼生存的水域大多分布在泰山山脉中龙角山、龙湾、龙池、龙潭、龙峪、龙窝等地，水质洁净，清澈见底，水质上佳。

螭霖鱼是我国国宝级的独有鱼类，不食秽物，不饮浊流，出山则不易存活。是泰山的精灵。民国《泰山药物志》载，螭霖鱼有补脑益智、生清降浊、养颜补气、坚齿健身等功能。

相传古时候，每逢帝王显贵登临泰山，都以螭霖鱼为必备菜肴。乾隆皇帝"登泰山，食螭霖，味甚美、命进之"。诗仙李白游历到齐鲁大地时，亲尝了螭霖鱼的美味后，颇为感慨，写下了《酬中都小吏携斗酒双鱼于逆旅见赠》的佳篇，诗曰："鲁酒若琥珀，汶鱼紫锦鳞。山东豪吏有俊气，手携此物赠远人。"诗中所提的汶鱼，即螭霖鱼。

近些年，野生的泰山螭霖鱼不仅得到了有效保护，人工养殖也取得了很大的进步，泰山赤鳞鱼生存的海拔高度从最低 270 米下降到 150 米左右，打破了自古赤鳞鱼不下山的说法。

泰山风景名胜区管理委员会在泰山桃花峪建成了螭霖鱼博物馆，成为一大旅游景观；又在大津口乡沙岭村、藕池村建成大型螭霖鱼保护与养殖基地，极大地改善并拓展了螭霖鱼的生存空间。

三、泰山四宝

泰山不仅以其雄伟壮丽，文化灿烂驰名中外，而且还以物产丰富，药材宝藏著称于世。据近代泰山名医高宗岳编纂的《泰山药物志》记载，泰山有"特产"药物 60 余种，"通产"药物 500 余味。其中泰山参、赤灵芝、何首乌和穿山龙被誉为"泰山四宝"。

历朝历代的君王文士寻访泰山，除了因为泰山独特的地位和寓意，还有一个原因是为寻找这些泰山仙草，以求长生不老。

（一）四叶而花泰山参

泰山四叶参是产自泰山的一味中药药材，更是泰山名药之一。它多生于泰山深处的岩石缝隙、阴湿山沟和山坡林荫等地。泰山四叶参含多种维生素、皂苷、多酮、齐墩果酸及 50 种挥发油。主要以根入药，具有养阴润肺，益胃生津等功能。

《泰山药物志》载，"本品即人参，泰山产者每年生四叶而花，故得名。其效能较长白山人参大十倍，见者宝之"。

相传，泰山南面有一座悬空寺，住着僧侣

四叶而花泰山参（图片源自网络）

和徒弟二人。平日里，徒儿上山挑水，经常与一个孩童玩耍。一日，被僧侣碰见，心中便想寺庙四周皆无人烟，这个孩童定是传说中的千年参娃。待孩童走后，僧侣便跟随孩童来到了悬崖边，发现其果然为千年四叶参，于是将其挖回烹煮熬汤。僧侣离开寺庙，前去邀请自己的朋友共享。岂料徒弟闻到香气，忍不住尝了起来，又恐师傅责备，便将汤水倒掉想要逃走，却忽听一声巨响，寺庙慢慢升空。等到僧侣回来，已是望尘莫及，小徒弟因食千年参娃成仙矣。

（二）一味成方赤灵芝

泰山赤灵芝，又名泰山灵芝。赤灵芝，自古称为"仙草"，具有安神健脑、健脾养胃、增强人体免疫力等功能。自汉代起，泰山灵芝就作为贡品进贡朝廷，历代帝王将相都对泰山灵芝"情有独钟"。

泰山赤灵芝（图片源自网络）

泰山灵芝因其能够实现一味成方[①]，所以被称为"国药"。在上千味中草药中，能实现一味成方的有很多，但大都是针对某一种症状起作用。但是灵芝含有数百种活性成分，所以能够起到治百病的作用，且无毒副作用。一味成方几乎成了灵芝的"专用"概念。这是灵芝的珍贵之处，也是一味成方的含义。

泰山地下多玉，地上多芝。虽全国很多地方都出产灵芝，但泰山灵芝为正宗。

泰山独特的山水环境和矿物质土壤为灵芝提供了得天独厚的生长条件。每逢夏季，泰山气温渐高，林间相对湿度逐渐增大，阳光散射，形成泰山灵芝迅速生长的有利条件。泰山一带有民谣，"吃了泰山灵芝草，返老还童人不老"。

（三）补益精血何首乌

泰山何首乌，本名为缠交藤、夜交藤，为多年生藤本植物。有一种特性为"两本异生，苗蔓交合，夜合日分"，意思是它同一

泰山何首乌（图片源自网络）

[①] 一味成方，即一味中药就可自行成为一个方子，其自身含有的各种成分扮演君、臣、佐、使的不同角色，在调理与治病中发挥中药组方、复方应该起到的药效。

般藤蔓植物一样，会交互生长，但不同之处在于其藤蔓会在傍晚彼此缠绕，到早晨又会稍稍分开。

中国何首乌以泰山何首乌为正品。至于为何称何首乌，据说是因为唐代李翱写了一篇《何首乌传》，说是何家祖孙三代，都因长期服用交藤，身体强健，发黑如墨，寿命达百余岁。于是，交藤便以人名命名，并被誉为"神仙之药"。

（四）镇咳平喘穿山龙

泰山穿山龙，是一种天然草本植物。它的根状茎横众，木质，可以分枝。外皮呈黄褐色，容易成片状剥离。茎细长而左旋，常缠绕于其他物体上。叶子互生。花期在6月～8月，果期在7月～9月。

泰山穿山龙

泰山穿山龙，又被称为穿龙骨、穿地龙、穿山骨、黄姜、雄姜、地龙骨等。泰山穿山龙具有多种药理作用，有着显著的镇咳祛痰平喘作用，亦对心血管疾病有一定的疗效，因此被广泛应用于中药领域。

数千年来，泰山不仅慷慨地给华夏先民提供了丰饶的物产与生存庇护，也形成了丰富的文化精神生活。泰山为我们勾画出漫长历史长河中斑斓的社情民风画卷，从宗教信仰到衣食住行，既具有浓郁的地方色彩，也体现出中华民族特有的生命观、价值观和道德观。这些风俗与物产是我们宝贵的文化瑰宝，其中蕴含着中华民族生生不息、永续发展的文化基因，能使各民族人心归聚，精神相依，形成文化认同。因此可以说，泰山风物是铸牢中华民族共同体意识的重要精神纽带。

第八章

一座山的奔跑

　　泰山，一座古老而厚重的文化之山，不仅是华夏文化的象征，更是人类文明的瑰宝。如今，泰山正以其新的传播方式，向世人展示着其独特的价值和魅力。

鸟瞰泰安城

第一节
千年风雅颂

泰山东临大海，西靠黄河，凌驾于齐鲁大地，几千年来一直是东方政治、经济、文化的重点区域。深厚的泰山文化，是东方文明伟大而庄重的象征，在国内外产生了巨大的影响。登临泰山，犹如攀登长城一样，成为许多中国人的梦想。

一、灵魂安放何处

中国的名山大岳，有着广泛的影响，有的信仰遍及一省，有的远及数省，然而影响整个中国的，却只有东岳泰山。为什么其他名山的影响仅限于一域，而泰山的影响能遍及全国呢？

从汉墓出土的墓砖之中，不少刻有"生属长安，死属泰山"的文辞，这句墓砖文的意思是，人活着归长安管，死后便归泰山管。在古人的心目中，泰山不仅仅是一座山，它还是主管天下人生死的神府，天下人死后都要"魂归泰山"。泰山俨然与长安并列为生活世界的两大首都，可见时人心目中的泰山神威力之大。

古人还认为，"泰山之云，触石而出，肤寸而合，不崇朝而雨遍天下"（《公羊传·僖公三十一年》），意思是云生于泰山，不过一早晨的时光就能遍雨天下。泰山也就成了主管全国行云下雨的总降雨站。古代中国是农业国，农业生产离不开雨水，泰山因此更受到了天下求雨者的无比仰赖。这两重信仰，使泰山从一域走向了全国。

（一）东岳庙

泰山神有一个从"山"到"人"的演变过程。泰山崇拜最早来源于先民的自然崇拜，那时的泰山还仅仅是一座颇有灵异的大山。但汉魏以后，因受佛教偶像崇拜的影响，泰山也日渐人格化，渐渐地泰山就变成了一位朗眉长髯、冠冕威严的官员神。天贶殿内的《泰山神启跸回銮图》为宋代巨幅壁画，长 62 米，高 3.3 米，反映了泰山神巡游天下的盛况。画中人物共 697 人，气势恢宏、场面壮观，充

《泰山神启跸回銮图》

分展现了泰山神的威严之姿。他不但有着人的形象，还有着人的家庭，有的书上说他有五个儿子、一个女儿。总体来讲，泰山神的演变过程主要分为两个阶段：汉魏六朝，泰山神由"山"变成了"人"，成为官员；唐宋以后，又由"高官"变成了"国王""皇帝"。既然泰山神是人、是皇帝，他的管辖范围又不限于泰山，他需要不断地巡行。那么他外出办公时住哪呢？人们受到帝王行宫的启发，纷纷在各地为泰山神建起行宫，也就是"东岳行宫"，或者叫"东岳庙"。凡是有东岳宫庙的地方，也就是泰山文化波及的范围。这样就逐渐形成了"东岳宫庙遍于天下"的格局。

东岳庙在全国的传播，基本沿着三条路线：第一条是"从山东到中原"，第二条是"从北方到南方"，第三条是"从内地到边疆"。

1. 从山东到中原

东岳庙首先兴起于山东。泰山的东岳庙——岱庙在汉代已经兴建，其分支机构也最早在山东出现，其时间是隋唐时期。《元和郡县志》中记述了鱼台东岳庙，唐人小说中记述了兖州东岳庙。唐玄宗的封禅，促进了东岳庙祀的传播，东岳庙

中国台湾善化东岳殿

开始传布到河南、山西、河北、陕西。根据明朝大学士张居正的说法，相传唐宋时已有北京东岳庙，后来经过元代重建，成为除去岱庙之外在中国规格最高的东岳庙。

2. 从北方到南方

唐末五代，江南地区经济文化日渐发达，泰山文化也随着移民南下与政权南迁而传布江南。特别是在五代与南宋，出现了两次泰山信仰从北方向南方传播的高潮。

唐末五代之际，光州固始（今河南光州）王审知兄弟，率领十万中原流民，南下福建，建立起闽王国。这就是通常所说的"十八姓从王下福建"的大移民事件。这些南下的中原人民，不但带去了北方的新文化与新技术，同时也带去了古老的泰山信仰。闽王国建立之初，便在王宫建立了一座东岳行宫，开启了八闽奉祀泰山之先河。这座泰山庙至今仍完好保存在福州市区内。从此泰山信仰开始在福建广泛传布，境内州县无不建有东岳庙和东岳行宫，福建成为南中国泰山信仰的第一重镇。

两宋之际，随着赵宋政权的南渡，再次在江南掀起一次传播泰山文化的高潮。

宋真宗为了报答泰山神帮助他完成封禅大典，将泰山神封为皇帝，使泰山神的尊崇无以复加。这种视泰山神为其王朝保护神的心态，在金军入侵、北宋灭亡、南宋失去泰山之后，却依然在赵宋皇室保留下来。南宋高宗在江海逃亡中，就编造了一个类似"泥马渡康王"的神话：他舟行江上，忽遇大风，所乘御舟几乎被掀翻，这时只见有一金甲神将紧随救护，御舟方免于倾覆。脱险之后，高宗忙问神将姓名，神将回答自称为刘郡王，声称是泰山神的女婿。既然女婿有护驾之功，宋高宗对泰山神自然不敢怠慢，于是他在江南站稳后，便开始在南宋境内大修东岳庙。仅南宋首都临安（今浙江杭州），东岳庙就多达5座，他的后代南宋理宗还亲笔为东岳庙题额，大大促进了东岳庙在江南的传播。

3. 从内地到边疆

随着历代王朝对边疆的开发，泰山信仰也开始向边境各地传播。元代，由于蒙古入主中原，受汉地文化的影响，东岳庙首先构建于漠南蒙古；明朝建立后，云南、贵州、广西、宁夏等相继纳入大明的版图，包含有东岳庙的祭祀体系也开始在这些地区推行。清廷入关，满汉文化日益融合，东岳庙遂大兴于东北。此后，清朝先后平定新疆、西藏，促使东岳庙祀又推广到这些边陲地区。

关于元明清三代泰山文化在边疆的传播，还有一个重要标志，这就是东岳庙传布中国宝岛台湾。

古时去台湾，只能坐海船，泰山神赴台也是坐船，不过他乘坐的乃是民族英雄郑成功远征台湾的舰船。1661年郑成功击溃荷兰殖民者，一举收复台湾，开始在岛上大力推广中原王朝的礼乐文明。当时，福建是南中国泰山文化的第一重镇，而郑氏军事集团崛起于闽南，深受泰山文化的影响。于是在1673年，郑成功的儿子延平嗣王郑经率先在东宁省城（今中国台湾台南市），建成一座规模宏大的东岳庙。从此泰山神就在宝岛"落户"，在台湾民众中盛信不衰。300年中，在台湾境内建立的东岳庙达7座之多。2006年4月份，台湾的宜兰市就举行了一次庆祝"东岳大帝安奉一百五十周年"的"嘉年华"大会。泰山神渡海落户这段历史掌故足以说明，台湾与祖国大陆在历史与文化渊源上，确有着割不断的血肉联系。

（二）碧霞元君

与东岳庙东岳大帝信仰双峰并峙的，还有对碧霞元君的崇拜。碧霞元君最初被称为泰山玉女，源头可追溯到东汉时期。宋真宗封禅时，在岱顶玉女池得玉女石像，立龛以祀，推动了此一信仰的传播。不久泰山之巅便有了奉祀女神的玉女祠，即后来的碧霞祠，到了金元之时渐行于民间，至明开始为其神加碧霞元君封号，其影响力渐渐超过泰山神。较之泰山正神，碧霞元君身上更具人间情味，因此赢得上至皇室、下至黎庶的尊信，一时出现了"自碧霞宫兴，而世之香火东岳者咸奔走元君"（明·王锡爵《东岳碧霞宫碑》）的局面，其神威赫然凌驾于岳帝之上。也就是在此时，元君庙祀由泰山渐向周边传播，由京师，而北方，而江南，渐成为普及全国的民俗信仰。北中国为数甚多的泰山娘娘行祠，亦称泰山行宫、元君庙、娘娘庙等，几与泰山神的东岳庙相抗衡，并形成了"南妈祖，北碧霞"的信仰格局。

泰山信仰由中原向四周恢拓的过程，也正是中原文化向周边地区传播的一个具体例证。在中国众多的名山大岳中，只有东岳之庙，遍于天下；只有碧霞之祠，遍于南北；只有石敢当之碑，遍于全国。泰山信仰的地域广泛性，是国内其他名山所无法匹敌的。

二、万邦瞻岱

泰山文化不仅在国内产生了巨大的影响，而且还远播世界各地。

泰山之名在唐代以前便为日本、朝鲜等邻近邦国所熟知，泰山神信仰还在平安一朝传入东瀛（今日本），后来成为日本影响最大的中国神祇。中国以泰山为首的"五岳"制度亦东传朝鲜，新罗王朝曾仿效此制，在国中设置五岳。泰山石敢当、泰山娘娘等信仰还分别传至琉球、越南等地，在当地生根发芽。封禅大典亦远播至阿拉伯世界，在大食人心中留下长久的记忆。

在西方，泰山也声名卓著。早在六七世纪，东罗马史学家席摩喀塔便在著述中提到"泰山"。17世纪，泰山之名已被标注在意大利人利玛窦所绘《坤舆万国全图》上。近代以后，泰山文化更是引起西方汉学家充分关注，19世纪美国学者威廉蒙博士首先评说泰山"是世界上最古老的山"。此后法国沙畹、德国卫礼贤、俄国阿列克谢耶夫等汉学大师都对泰山做过深入研究和高度评价。用"万邦瞻岱"来形容泰山在世界上的广泛影响，应是十分恰当的。

与此同时，一些外来文化也融入泰山。自晋宋之际印度僧人在泰山创建寺院算起，泰山与外国发生联系已有1000余年的历史。在此期间，泰山不但与日本、韩国、越南诸国在文化上互为影响，而且其声名在17世纪后还传入西方，引发了域外"泰山学"的诞生。从某种角度讲，泰山文化史便是中外文化交流史的一个侧影。

玛窦所绘《坤舆万国全图》（资料图，源自网络）

（一）奔跑的泰山——泰山文化在国外的影响

当泰山迈开脚步，开始奔跑，他的每一步都踏出了坚韧与力量，他的每一跃都跃动着生命与希望，世界都能听到他的心跳。

1. 东方欲晓——泰山文化在东方世界的影响

自古以来，泰山以其雄伟壮丽的景色和深厚的文化底蕴，吸引了无数文人墨客和普通游客的关注。在这个古老的东方山岳中，人们感受到了自然的魅力，同时也体验到了深厚的历史和文化内涵。"东方欲晓，莫道君行早。踏遍青山人未老，风景这边独好"（毛泽东《清平乐·会昌》），用这几句诗形容泰山，最合适不过了。泰山"独好"不仅仅是风景，还有其风骨。如今，泰山文化的影响已经远远超出了它的地理边界，深深地烙印在了东方世界的每一个角落。

泰山与世界产生密切联系，最早可追溯到西汉时期。公元前110年，汉武帝封禅泰山，当时就有来自安息（今伊朗）、苏谢（西域古国）等国众多的使节随行。随着唐宋时期对外交往的不断拓展，越来越多的邦国，如日本、新罗（朝鲜）、天竺（印度）、大食（阿拉伯）、三佛齐（今印尼）、交趾、占城（今越南）等，纷纷遣使参加中国皇帝的泰山封禅大典。象征中华昌盛富强的泰山封禅大典，给众多邦国留下了难以泯灭的记忆，促进了泰山与中外文化的交流。文化交流总是双向的，佛教等海外文化也深深影响到泰山，东晋时佛教开始传入泰山，明清时期基督教开始传入泰山附近。早在公元6世纪时，东罗马史学家在著作中提到了"泰山"，17世纪地理大发现后，泰山之名传布欧美，大批西方汉学家奔赴泰山，从不同角度对泰山展开研究，掀开了中外文化交流史上新的一页。

韩国

韩国至今还存在"泰安"（郡）、"东岳"（吐含山）等与泰山地区完全相同的地名，充分显示出两地的文化渊源。史料记载，新罗、百济、高丽曾派遣国使参加泰山封禅大典，且人数较多。至泰山游览访胜的韩国友人也屡见于史料，其中高僧满空（号云公，朝鲜李朝人）渡海来泰山求法，受到了明政府的特别礼遇，先后在岱阳重建竹林寺、普照寺，并于1463年圆寂泰山。朝鲜中宗时文臣朴祥、肃宗时曲家金裕器、正祖朝实学家柳得恭、近代韩国名儒李炳宪等历代诗人墨客也留下了众多吟咏泰山的诗词华章。

日本

早在公元7—9世纪，日本遣唐使节曾两度登临泰山，参加唐廷的封禅大典，加速了泰山文化在日本的传播，就在那一时期，有了"泰山神东渡日本"的历史趣话：839年，日本高僧圆仁随同遣唐使来到中国，为了求法，历尽劫波，其间向赤山寺（今山东荣成县境内）内供奉的泰山神祈愿，请求神佑护其平安归国。圆仁如愿回到日本后，便立誓为泰山神建造禅院，加以奉祀。后来其法嗣谨承其遗志，于888年在京都建起供奉泰山神的禅院（名赤山禅院），从此泰山信仰开始传播日本。在此后千年中，泰山神受到了日本朝野的广泛崇敬，泰山府君的形象还出现在谣曲能乐中，樱花也以"泰山府君"命名。源于泰山灵石崇拜的"泰山石敢当"民俗，也在17—18世纪传布日本、琉球（今冲绳）诸岛域，成为一个有趣的民间风俗。近代以后，泰山文化吸引了众多的东瀛汉学家，内藤湖南、桑原骘藏、宇野哲人、常盘大定、关野贞等名家都曾到泰山考察，并留下卷帙浩繁的踏访记录。由于东瀛学者对泰山文化的密切关注，促使泰山研究在日本逐渐兴起，成果颇多，日本成为海外"泰山学"的重镇之一。

越南

政治关系的密切，促进了中越两国的文化沟通。被越南人称为"南交学祖"的汉交趾太守士燮，祖籍泰山一带（今山东肥城境）。在唐宋两朝，今越南境内的古国林邑（又称占城）、日南、安南（交趾）都曾遣使参加在泰山东封之典。明朝时有交趾人恒公、陈儒等人在明朝为官。越南李、陈朝时，就有五岳观等建筑，清朝时供奉的女神中有"泰山顶上娘娘"，在河内的玉山祠中至今还立有"泰山石敢当"的石碑，说明了泰山民间信仰对越南影响深远。

印度

伴随古印度佛教的入传，大批印度僧众远涉关山，前来中华弘扬佛法，其中有三位印僧在泰山留下了锡踪禅迹：最早叩访泰岳的印度高僧是东晋时的佛驮跋陀罗，他在泰山以北（今济南长清境内）建立的云禅寺，是外国人在泰山建的第一座寺宇；此后古印度僧人求那跋摩传法泰山，在岱北人头山建衔草寺，成为泰山著名古刹；在泰山以南的东平洪顶山，至今还留有北齐时天竺僧释法洪的多处刻经，这是泰山现存唯一的古印度人石刻。历史上也有泰山僧取经西天的壮举，唐代泰山僧义净从海路往印度求法，历经 20 余年，取得梵经 200 余部。据考，《西游记》中"唐三藏"的形象，便融合了许多有关义净的传说（义净亦曾受封为三藏法师）。

阿拉伯国家

泰山与阿拉伯国家很早就有联系，725 年唐玄宗封禅，大食（阿拉伯）使节便出现在泰山朝觐坛下的诸国侍祠行列中。在宋真宗泰山封禅大典中，不仅有大食国主阿弥曾"遣使贡方物"，更出现了一支由大食商人组成的赞礼队伍，一位名叫李麻勿的"大食蕃客"向真宗进献了一方祖传玉圭，可见泰山封禅在阿拉伯人心目中的重要地位。

2. 照亮西方的灯塔——泰山文化在西方世界的影响

文化的泰山，如一轮明月高悬，亦如一座矗立东方的灯塔，照亮了西方世界的心灵，也照亮了人类文明的未来。泰山文化在西方世界产生了深远而广泛的影响，在不同的国度里都展现出其独特的魅力。

意大利

17 世纪地理大发现后，第一个把"泰山"展示给世界的，是意大利传教士利玛窦，在他所绘的世界性地图《坤舆万国全图》上，首次出现了泰山的位置坐标。在利玛窦之前，马可波罗到过泰山附近，并曾在所著《马可波罗游记》中描写过泰山脚下东平郡城市与运河的壮观景象。时至今日，在意大利首都罗马城中的还有一条"泰山街"，显示了中意文化的深厚渊源。

俄罗斯

17 世纪时，俄国大臣米列斯库出使清朝，在他所著的《中国漫记》中对泰山做过详细描绘，说明此时俄国人已对泰山有了一些具体的了解。到了 20 世纪初，泰山之巅迎来了俄苏汉学创始人阿列克谢耶夫，他于 1907 年间来到泰山，详细调

查了各处名胜、石刻以及民间风俗，在他的《1907年中国纪行》中做了细致叙述，并对岱庙的壁画与泰安的纸马（一种民间版画）都产生了浓厚的兴趣。据报道，在苏联的博物馆、图书馆所藏"山东泰安等地的纸马"，都是当年由阿列克所搜集。

法国

在泰山研究方面，法国学者做出了突出贡献。法兰西被称为"欧洲汉学中心"，以研究泰山文化著称的汉学大师爱德华·沙畹1889年出任驻清公使专员，在华三年中利用公务之余从事汉学研究，两次至泰山考察，于1910年在巴黎出版了他的法文专著《泰山：中国人之信仰》，第一次系统向西方读者系统介绍了"古老东方之巅"的历史文化，被誉为西方汉学的经典著作。爱伯特·肯恩于1908年、1913年两次来到中国，委派顶尖摄影师用当时最先进的彩色摄影技术，到泰山拍摄了大量的彩照，让我们能在今天重睹百年之前的泰山景观以及当时泰山人家的种种生活场景。

德国

近代中华大门开启后，第一个造访泰山的外国学者便是德国人。1868年，德国科学家李希霍芬来到泰山，对"泰山杂岩"进行了深入研究，开启了近代泰山地质学的先河。天主教士蒂斯佩对泰山钟情最深，他在1906年撰写并出版了一本题为《泰山及其国家祀典》的著作，图文并茂，是第一部由外国学者撰写的泰山专著，比沙畹之书还提早了四年，具有开山之意。卫礼贤作为传教士来到山东后，于1905年首次登临泰山，对泰山古老的文化一见倾心，在他所著的《中国心灵》一书中，列有《圣山》一篇，详细地评述了他眼中的泰山，认为泰山是代表着中国人精神世界的一座"圣山"，蕴含了这位世界公民对中华泰山的无比热爱和万分留恋之情。

英国

在泰山文化领域，具有代表性的是英国学者迪金森与罗素关于泰山的论说。迪金森（旧译狄更生）于1912年来中国游历，专程拜谒了泰山，他在旅游笔记《观感》中对泰山展现的自然与人文和谐之美表现出由衷的赞叹，还呼吁西方人要拜泰山为师，向中华文化学艺。哲学家罗素在所著《中国问题》中回忆在泰山旅行时泰山轿夫的朴实诚挚，使得这位哲理大家为之感佩、赞叹。

美国

自 19 世纪起，泰山文化之花开始在美利坚盛开。早在 1879 年，便有一位美国长老会传教士马提尔牧师写过一篇《泰山之寺庙及其祭拜》，描绘了他登临泰山的感受与所见泰山寺庙、景点。进入 20 世纪后，有更多的美国人来过泰山，著名的有美国驻华公使芮恩施、政治学家费正清、旅行家 W·E·盖洛等，还有一位便是被毛泽东称为"中国人民的老朋友"的名记者斯诺，这些美国名人都留下了关于泰山的珍贵记录。芮恩施高度评价了泰安古城的浪漫和美丽；盖洛于 1926 年出版了《中华五岳》一书，对五岳文化进行解析，与西方文化进行比照，以突显泰山的特色与个性所在；斯诺发表了许多泰山的评论、照片，并把泰山称作是山东的神岳。

1987 年，泰山被联合国教科文组织批准列入世界文化与自然遗产名录，2006 年又晋升世界地质公园。泰山以其承载的璀璨文明，吸引了越来越多的目光。

（二）一场双向奔赴的热爱——海外文化对泰山文化的影响

文化交流总是双向的，泰山也是如此。泰山文化既影响到海外，而反过来，海外的文化也深深影响到泰山。与中国历史大趋势相切合，泰山文化也经历了一个从开放到封闭的全过程。佛教东来之初，力图融合于中华文化之中，中国名岳泰山便成为释家争取的一个重要地盘。三国时期康居国（中亚巴尔喀什湖与咸海间古国）人、世居天竺的康僧会，在翻译佛经时用"泰山""泰山狱""泰山地狱"来译写梵文的"捺落迦"与"泥犁"，首先将泰山信仰纳入佛学体系。这一方法为后来汉传佛教所采用。敦煌本《佛说十王经》中还出现了泰山府君聆听佛祖说法的场面。这些都大大增加了泰山在佛教中的地位。而泰山也对佛教这一外来文化采取了接纳的态度（虽中间也不乏排外斗争，但接纳融合却是主流）。由此可见，泰山在释教中影响之远之大。

除了佛教的传播，其他域外文化也纷纷传入泰山，例如泰山碑刻中出现了外族文字的刻石，《旧唐书·突厥传》载："葛逻禄社利等首领三十余人，并息从至岳下，勒名于封禅之碑。"又唐玄宗曾将乌兹别克斯坦哈拉人安金藏之名勒于泰山，用作褒奖，均折射出当时对外往来之密切。岱庙壁画中出现的西洋画法，则反映了明清之际西风东渐反响之巨大。但遗憾的是，当后者出现之时，清朝政府已走向故步自封，无复有大汉盛唐的气魄。此番情景，恰如 18 世纪德国哲学家赫尔德在《关于人类历史的哲学思想》一书中所描述的那样："这个帝国是一具木乃伊，……它体内血液循环已经停止，犹如冬眠的动物一般。所以，它对一切外来事物都采取隔绝、窥测、阻挠的态度。它对外部世界既不了解，更不喜爱，终日浸沉在自我比较的自负之中。"受此"大气候"的影响，整个泰山文化已走入它的衰微期，清初壁画上的西画技法不过是昙花一现，随之便成为广陵绝响。直到19世纪第二次西风东渐，泰山文化仍表现出极端的排他性。根据各种西方教会的资料披露，排斥外国宗教的情绪，鲁中州府县之中，以兖州与泰安最为强烈。诚然，这表现了一个长期被列强欺侮的民族的政治反抗意识，同时，这与泰山人历代形成的俯视"小天下"的"独尊"文化心理也不无关系。这重重阻力，使各种西方文化始终未能在泰山山体上立足。

泰山岩岩，万邦所瞻。在泰山与世界各国的文化交流日益密切和深入的今天，对历史上泰山与域外文化交流活动进行回顾，进而汲取其历史经验，为当前的文化建设服务，无疑是"泰山学"中的一个重要课题。

正因如此，泰山已不仅仅是一座自然之山，更成为一座中国人的精神之山与中华民族的精神家园。所以季羡林先生说："泰山是中华文化的主要发祥地之一，欲弘扬中华文化，必先弘扬泰山文化。"哲学家任继愈先生精辟揭出，"长城是中华民族的精神纽带，泰山则是精神家园"。

在这个古老的山岳中，我们感受到了历史的沉淀和文化的魅力。在东方世界的每一个角落，我们都可以看到泰山文化的痕迹和影响。它让我们更加珍视自己的传统文化，也让我们更加深入地理解了东方文化的精髓。

未来，随着全球化进程的加快，泰山文化的影响将会更加广泛和深入。我们相信，在未来的日子里，泰山文化将会继续传承下去，影响着一代又一代的人们。

让我们一起为泰山文化的繁荣和发展而努力，为东方世界的繁荣和发展贡献自己的力量。

第二节
泰山加速度

对文化最好的传承，就是创造新文化；对人类文明最大的礼敬，就是创造人类文明新形态。数字赋能、沉浸体验、云上直播等文旅融合模式，利用先进科学技术和时代艺术语言对泰山文化进行创造性转化和创新性发展，正逐渐成为新质生产力的加速器。传统与现代融合，智慧与创意碰撞，"泰山+"应运而生，古老的泰山正以更加丰富的表现形式，焕发出强大的生机与活力，与时代脉搏同频共振，展现出空前的时代风华。

一、数字泰山

数字经济是推动新质生产力发展的重要引擎。厚重博渊的泰山文化从历史中走来，以崭新的面貌走进课堂，走进图书馆、博物馆，走进人们的现代新生活。如果你来泰山，一定不能只登泰山、逛岱庙，要看一看关于泰山历史文化的新模样，听一听泰山历史文化与现代科技会奏起的崭新乐章。

（一）再现千年封禅

封禅大典是泰山独有的古老礼仪，构成了泰山崇拜与信仰的重要内容。历代帝王在沟通天人之际，协调天、地、神、人之间的关系，达到精神意志与外在行为的和谐统一，形成了贯穿于原始社会和封建社会，延绵数千年的礼仪传统。

大型实景演出《中华泰山·封禅大典》以泰山历史文化为核心，以泰山自然山水为背景，使用现代的声光电技术、舞美制作，500名演员，5000套霓裳华服，将远古的混沌洪荒、先秦的金戈铁马、汉代的儒风雅乐、盛唐的万国朝冕、北宋的艺术情怀、清朝的民族融合一一展现。这是对民族人文精神的深度思考，是对华夏古老文明的崇高礼赞，这也是世界上第一个将中国五朝帝王集中在同一舞台上加以展示的文化产品。

置身其中，犹如穿越历史长河，是一种全新的、震撼的艺术体验：

沿着秦汉古道，来到泰山的东大门——天烛峰景区，不经意间，就叩开了一扇纵贯千年的"时光之门"。

泰山的挑夫日复一日丈量着山路，加冠及笄的学子们成群结队穿梭在山路上，谈笑风生间，白发老者告诉学生"登泰山要看山、读山"。于是，时光跟随老者的回忆，顺着青石板回溯千年。

威猛恢宏的秦军方阵前，秦始皇在泰山举行封禅，向天地宣告大秦的铁骑一统天下，"统一"成为中华民族的核心价值观，民族共同体意识逐步形成。

汉武帝实行"独尊儒术"，实现了思想领域的统一大业。儒学成为中华民族的文化之根，中华民族的思想达到了新高度。

《中华泰山·封禅大典》演出实景

在唐高宗的封禅大典中，完整的皇家仪仗恢宏大气，封禅队伍里各国使节尽情舞蹈，自由开放的气度展现得淋漓尽致。武则天与唐高宗一主封天、一主禅地的戏剧化情节，将封禅大典推向高潮。

一幅幅徐徐展开的水墨画面和一首首婉约清新的宋词小令以及瘦金体书法……文化艺术辉煌灿烂的宋朝封禅大典带给世界的无疑是一次文化艺术的盛宴、民族智慧的展现。"文化的高峰，艺术的情怀"，历史的重心首次从帝王将相转到辛勤劳作的平民百姓、充满智慧的芸芸众生。

清朝康乾盛世的封禅展现出中华民族屹立于世界民族之林的历史大命题。"民族大融合"的气势磅礴而出，将演出推向最后的高潮。

历史的车轮滚滚向前，通往泰山顶的青石路上，挑山工一步一个脚印拾级而上。白发老者的故事也进入尾声，"秦始皇走了，汉武帝走了，女皇武则天走了，写字画画的真宗皇帝、骑马打江山的康熙爷都走了，只有泰山还在，我们还在……"

历史的烟尘已然走远，千年封禅大型实景演出正以崭新的面貌重现历史。古往今来，对于国泰民安的美好愿景根植于每一个中华儿女的心田，跨越时空，历久弥新，世代永续，奔腾向前。

（二）幻境泰山

元宇宙沉浸式体验空间《幻境泰山》以传播泰山之美，感悟泰山精神，弘扬"国泰民安　和合共生"为中心思想，通过新媒体技术和声光舞美的融合，运用数字化手段，将山川、四季、云海日出以及野生花楸、螭霖鱼等进行艺术化表达，集中体现在三幕展演空间：东方有神山、山中揽苍穹、巍巍耀华夏。

《幻境泰山》沉浸式体验（编者供图）

第一幕：东方有神山。

穿过云海，28 亿年前的泰山石历经震荡磨砺，异峰突起，陡峭峻拔。岩岩泰山在岁月的更迭中屹立于东方，跨越时间，穿过历史，以宏伟的身姿诉说着五岳之首的灵性及其顽强的生命力。

第二幕：山中揽苍穹。

树木新梢的蔓延生长中，历史的画卷缓缓诉说着这座民族之山的博大内涵。儒释道三教合一既体现了泰山"五岳独尊"的地位，又蕴含着泰山的胸怀与包容。

第三幕：巍巍耀华夏。

拨开云雾，巍巍泰山何其雄伟，攀过石阶，穿过四季，变的是一代代的登山人，不变的是承载着中华民族精神的泰山精神。

裸眼 3D 技术能让观众沉浸式领略泰山的人文精神和春夏秋冬的奇幻美景，震撼的自然景观、扎实的文化基础、奇幻现实的舞台串联和充满想象力的形式创意，带来一场沉浸式、超感官的观泰山新体验。

泰山景区运用延时掠影技术，实时拍摄景区图像，快速合成延时视频，短短十几秒，就能呈现出历时一两个小时的泰山日出过程。观众不仅能在十余秒内感受到泰山之巅的景色变化，还能获得与现场驻足观看不一样的感受，在延时视频中，清晰呈现出泰山更为大气磅礴的云海翻腾景象。

现代科技加持下，泰山历史文化与新潮视听形式相结合，自然风光与厚重文化变成可观、可感、可参与、可互动的沉浸式互动体验，置身其中，不由感叹：泰山还有多少惊喜在等我们发掘？

（三）数字藏品

作为千百年来的文化聚集地，泰山沉淀了无数的文人思情。泰山有石刻 2000 余处，文物藏品众多，有着弥足珍贵、不可复刻的独特资源。数字藏品利用数字化技术对文物进行三维扫描，让实体文物数字化形式呈现出来。目前，数字藏品项目已精选出 200 余件产品素材，并策划推出泰山石刻、泰山碑刻、泰山牌坊、泰山奇观、泰山壁画等 7 个系列数字藏品。"五岳独尊""风月无边""如意""虎字石刻"四款具有代表性的泰山石刻景观数字藏品，首期上线即"秒光"。

人们欣赏的不仅是泰山的四时美景，更有泰山文化的深厚底蕴。深入挖掘泰山文化的丰富内涵和时代价值，将泰山文化与数字文化 IP① 相结合，既是展现泰山丰厚文化的有效手段，更是对泰山文物的有力保护，用科技手段让文物活起来、"火"下去。泰山 IP 赋予了泰山数字藏品唯一性、稀缺性、不可替代性的独有优势。

对泰山遗产资源开展数字化、艺术化、时尚化创作，做好历史文化的延伸与发展，用年轻人感兴趣的方式去讲好泰山故事，通过创造性转化、创新性发展，为泰山文化保护传承增添了新元素。

二、智遇泰山

（一）云游泰山，智游泰山

泰山，从红门开始至玉皇顶共有 6000 多级台阶；一路上，有险峻陡峭的十八盘，一步一景致，一高一重天。为了讲好泰山故事，更好地传播泰山的人文风情，有的旅游主播凌晨 3 点起床直播泰山日出，一年爬泰山上百次，翻阅大量关于泰山文化的书籍，请教泰山文化研究专家，将泰山文化讲解给更多的人。通过自媒体平台，直播间里数十万人同时在线观看，只为一睹泰山日出"平地涌出赤盘，状如莲花"（明·于慎行《游泰山记》）之美。于是，很多人足不出户，通过网络直播遇见了无滤镜的泰山美景，了解泰山故事，感受厚重的泰山文化。

近年来，泰山景区智慧旅游发展日渐成熟，已入选全国首批"5G+智慧旅游"试点。该项目聚焦"5G 助力智慧管理、5G 提升游客体验、5G 弘扬泰山文化"三个方面，打造了以三维大数据管理平台为核心的"智慧泰山"综合管理体系，涵盖了防火智能调度、假日智能指挥、旅游智慧服务等多个方面。旅游智慧服务可提供票务预定、文旅信息展示、电子导游、VR 全景等智慧服务，微信直播也在列。

微信直播提供玉皇顶、大观峰、望人松、泰山天街四处直播，通过央视网直播中国同步传播给更多的人，网友们既可在直播间实时观看全时段的泰山风貌，又可在互动区进行互动交流。互联网和信息化的智慧赋能，使得泰山的会客厅不

---

① IP（Intellectual Property），直译为"知识产权"，互联网界的 IP 可以理解为所有成名文创（文学、影视、动漫、游戏等）作品的统称。IP 能够仅凭自身的吸引力挣脱单一平台的束缚，在多个平台上获得流量，不断地衍生出新的内容和新的品牌价值。

再局限于从山脚到岱顶，实现从平台到云端，为更多的人遇见泰山、认识泰山、了解泰山增加了新的打开方式。

（二）大泰山，大智慧

如果想足不出户一览泰山的前世今生，那么纪录片绝对是首选。泰山在中华文明的重要源起之地拔地通天，在时间长河的浸润中形成自然与文化的完美融合。2023 年 1 月 1 日，纪录片《大泰山》在山东卫视首播，引起强烈反响。

《大泰山》从当代中国人的故事切入，同时选取历史发展进程和中华传统文化传承中具有节点性和标志性的事件，以故事化的方式加以呈现。纪录片分《河山元脉》《若登天然》《与国咸宁》《登高必自》《能成其大》《国泰民安》六集，从自然、历史、文化、民俗、哲学、美学、国际等不同维度，对泰山进行多层次全方位解读，多角度呈现泰山历史文化脉络与走向，折叠了千年文明，让观众在观看中阅尽泰山千年的"沧海与桑田"。《大泰山》系统阐释泰山的自然和历史文化价值，以全国性的视野甚至国际化的视野提炼了地域文化中标志性的民族文化符号，全面彰显泰山这一具有中国特色、体现中国精神、蕴藏中国智慧的文化载体的独特价值。

泰山不仅是自然造化的杰作，更是人类文化与自然完美融合的典范。自古以来，泰山就被视为"天人合一"的圣地，人们通过祭祀、登山等活动，表达了对自然的敬畏以及与自然和谐共处的愿望。这种自然与人文的和谐共生，体现了中华民族尊重自然、顺应自然、保护自然的智慧。

纪录片《大泰山》（编者供图）

从古代帝王封禅到文人墨客的题咏，从宗教信仰到民俗风情，泰山承载了中华民族丰富多彩的历史和文化。这些历史与文化的积淀，不仅丰富了中华民族的精神世界，也为我们提供了宝贵的历史经验和文化启示。

泰山高耸入云，攀登之路充满艰辛。然而，正是这种艰难险阻，激发了中华民族坚韧不拔、勇攀高峰的精神。这种精神，成为中华民族不断前进、不断超越的动力源泉。

泰山承载着自然之美、历史之美、人文之美，蕴含着中华民族生生不息、永续发展的文化基因，是中华民族共同体形成的重要纽带和精神家园。在历史与现实交错时空中仰望泰山、感悟泰山，大概就会明白为什么海拔只有1500多米的泰山会成为"国泰民安"的象征，就会理解"人心齐，泰山移"的强大中国力量，就会了然"泰山不却微尘"的博大胸怀。泰山所蕴含的丰富文化内涵和精神力量在当代依然熠熠生辉。

对于动漫爱好者来说，双语动漫数字产品《泰山之魅·非遗传承》也是不错的选择。108集动漫以中文配音和中英字幕的双语模式，用风趣活泼的形式展示泰山非物质文化遗产的同时，也向全世界展示了泰山所具备的博大精深的历史文化及其中蕴涵的东方智慧。

（三）以游启智，研学泰山

泰山不语，孔子有言。读孔子的书，字里行间，时时会读到泰山对孔子思想的影响；登临泰山，目之所及，处处能体会到泰山文化中的儒学浸染。

如果想深入了解、感知、体悟中华优秀传统文化，一定要读孔子的书籍，一定要来攀登一次泰山，知行合一，方能体悟东方智慧。时至今日，研学旅行已经成为文旅新业态，成为"研""游"结合、寓教于乐的重要教育形式。追溯其源头，孔子才是研学鼻祖，他带领弟子周游列国，开创了游学之道。

泰山，作为一座为历代仰止，见证华夏大地兴衰，承载民族气韵的精神之山，已成为享誉世界的理想研学圣地。

从泰山红门广场出发，拾级而上，经孔子登临处，穿越壶天阁，经过中天门，享受"快活三里"，小憩云步桥，进入龙门坊，跨越十八盘，登上南天门。登山路途中你将克服一个个挑战，向着泰山极项目标攀登，最终一览众山小。站在泰山之巅，登高望远，与孔子、杜甫等先哲同赏"一览众山小"。庄严而隆重的正冠仪式在大观峰举行，高举右拳，在泰山之巅庄严宣誓，献礼青春。

研学学生在大观峰宣誓（编者供图）

从红门到中天门，再到南天门，登山路上布满泰山的自然地质、景观建筑、石碑石刻、名人诗词，处处皆文章，每一篇都意蕴悠长，值得反复品读。在一路前行中领略泰山自然与人文之美，一边用脚步丈量泰山时间渺远的积淀，触摸中国历史文化脉络，一边用心感受着泰山精神的感染和洗礼，汲取中华文化精髓。

三、青春泰山

作为一座雄峙于中华大地之东的大山，泰山无疑是雄奇而壮美的；作为一座承载着中华民族伟大进程史的山，泰山无疑是古老而厚重的。穿越千年，一代代前赴后继、摩肩接踵的登山者赋予它新的时代意义。每个人心中都有一座泰山，它可以是厚重博大、开放包容、坚韧不拔的，也可以是朝气蓬勃、热情洋溢、动感时尚的。

（一）每个人心中都有一座高山

泰山，自古以来就被誉为神山、圣山。古往今来，多少帝王将相、文人墨客都争相来此，用脚步丈量她的巍峨，用诗文传唱她的风华。泰山，已然成为中华民族的精神之山，令一代代人心驰神往。

1987年，泰山被联合国教科文组织批准列为首例世界文化与自然双重遗产，改写了世界遗产的分类，也为世界遗产开创了综合遗产的先例，正如世界遗产专家卢卡斯先生所言"这是中国对世界人类的巨大贡献"。泰山国际登山节，为宣传泰山的世界遗产价值、提高泰山的国际知名度应运而生，是我国第一个以登山为主题，融体育、文化、经贸于一体的综合性节庆活动。

泰山国际登山节全称为泰山国际登山比赛暨全国全民健身登泰山徒步活动，每年9月初向全国各地登山长跑爱好者发出邀请，相约泰山脚下，体验体育热情，饱览高山美景，共赴国泰民安之约。

自1987年以来，泰山国际登山节已经走过38年的光辉历程，办节规模、办节层次、品牌影响力日益扩大，如今已经成为一项大型的全民性、综合性、国际性的节庆活动，成为山东省标志性节事活动品牌，也是目前全国范围内举办时间最长、规模影响最大的登山比赛之一，被列为国家全民健身比赛项目，先后被评为"中国体育旅游十佳精品赛事""国家体育旅游精品赛事""中国登山运动第一品牌"。

登山节期间，一系列主题鲜明、富有特色的中外文化旅游交流活动接续举行。在"泰山旅拍国潮文化季"，《泰山颂》《游泰山》《望岳》等一系列富有泰山文化特色的文艺演出在岱庙轮番上演，游客们身着各式汉服，在古建筑群穿梭打卡，拍照留念；在茶点市集上赏茶艺、品茶香、食茶点；在古风市集上淘文创、非遗产品；在古趣运动会上体验击铜钱、投壶、捶丸等"古风运动"，亲身体验传统与现代、自然与文化的诗意交融。

第34届泰山国际登山比赛起跑现场（图片源自网络）

（二）新青年　新泰山

泰山新青年音乐节以音乐的名义，让数万有趣的灵魂齐聚泰山脚下，用音符诉说热爱，释放激情与活力。随着激昂的摇滚乐节奏，数万名乐迷高举手臂，在荧光和霓虹交织的光线里挥动，排山倒海的青春热情绽放，眼前的泰山无声矗立，给了乐迷们最深情的回应。

新青年音乐节现场不仅有音乐，还有新体验。现场搭建"文旅会客厅"，邀请乐迷现场打卡体验，十余个旅游项目邀请乐迷免费游览。美食展区前，山东炒鸡、范镇火烧等泰山当地特色美食免费供应。带有泰山元素的音乐节周边文创产品自然不会缺席。音乐节还推出"新青年音乐节＋泰山门票"联票及相关景区门票优惠活动，有吃有喝有游有购有乐，开启泰山文旅融合新体验。

青春的泰山不仅有音乐，还有动漫。泰山国际动漫节以"漫动泰山，活力之都"为主题，与"中华泰山，国泰民安"相呼应，以沉浸式、互动式、体验式消费为特色，涵盖数字艺术沉浸展、大型连环画艺术展、二次元城市嘉年华、漫游圣地、泰山区文化和旅游卡通形象征集、文旅洽谈等七大板块。通过展览、演艺、比赛、购物、娱乐等形式，提供多维度活动，推出主题游园活动，文创成果展和国风古韵泰安非遗沉浸展，中国动漫集团"沉浸式交互动漫文化和旅游部重点实验室"及元宇宙体验展区等，带来不一样的泰山，为游客营造出全新的观赏和游览体验。

泰山是中国的，也是世界的，是全人类共同的宝贵财富。泰山不仅是中华民族的象征和中华民族共同体形成的重要纽带，而且也成为中外不同文化交流的桥梁。博大精深的泰山文化滋养着中华民族的心灵，泰山精神、泰山信仰也让世界感受到中华民族不屈的意志、开放包容与美好夙愿。

回眸历史，铭记过去，中华民族崇拜泰山、感恩泰山，因泰山而自豪，因泰山而凝聚，古老的泰山见证了中华民族苦难、辉煌而荡气回肠的奋斗史；登高远观，展望未来，在世界文化激荡的格局中，中华民族将赓续伟大的泰山精神，以更加坚忍不拔的意志力奋力推进伟大民族复兴进程，以更加开放包容的胸怀推动文明交流互鉴，以更加昂扬的姿态巍然屹立于世界民族之林。

后　记

泰山文化博大精深，源远流长，因其在中国山岳文化中的独特地位和重要影响，自东汉始，便产生了泰山文化研究。自古迄今，泰山著述可称得上汗牛充栋，其中既有史志专著等鸿篇巨制，亦有零帙杂记等短章，历代所作不下千种，为持续深入研究泰山文化提供了宝贵的资料。

随着文旅产业的迅猛发展，泰山文化研究又呈现一种勃发之势，研究成果甚为丰硕。在诸多泰山文化研究成果中，主要是以学术性研究为主，理论性和专业性较强，不利于泰山文化的普及与传播。因此，目前还缺乏优质的供高校使用的校本教材或适合社会普通读者阅读的普及类读物。

为推动泰山文化创造性转化和创新性发展，加快泰山文化的普及与推广，让更多读者了解泰山文化，我们组织编写了这本《泰山文化导读》。本书立足挖掘深厚的泰山文化资源，厚植大学生泰山精神底蕴，从自然风貌、封禅文化、名人文化、文学艺术、书院教育、泰山精神、民俗风物以及创新发展等八个方面，全方位多角度展现泰山文化的发展脉络，探讨泰山文化的厚重内涵，彰显泰山精神的独特价值，以增强大学生对泰山文化的自豪感和自信心，激发其爱国爱家之情怀。

全书具体分工为：第一章、第六章撰稿人为张吉良；第二章撰稿人为刘明敏；第三章撰稿人为王凤兰；第四章撰稿人为李伟；第五章撰稿人为张智杰、侯加阳；第七章撰稿人为贾鲁音、刘莉莉；第八章为撰稿人为侯加阳、迟庆红。全书由崔耕虎统稿、定稿，曾晓东、赵京岚、李倩审稿。

在本书的编写过程中，我们站在泰山文化研究的前沿，汲取并融合了该领域最新的研究成果。在此，衷心地向所有为本书提供宝贵资料与建议的专家学者表示感谢！愿本书能够成为连接泰山文化与广大读者的桥梁，让我们共同传承与弘扬这份宝贵的文化遗产。

限于编者学识水平和编写经验，书中难免存在疏漏甚至错讹之处，恳请同仁及广大读者提出宝贵意见，期待再版时修订。

编者

2024 年 8 月

泰山景点示意图

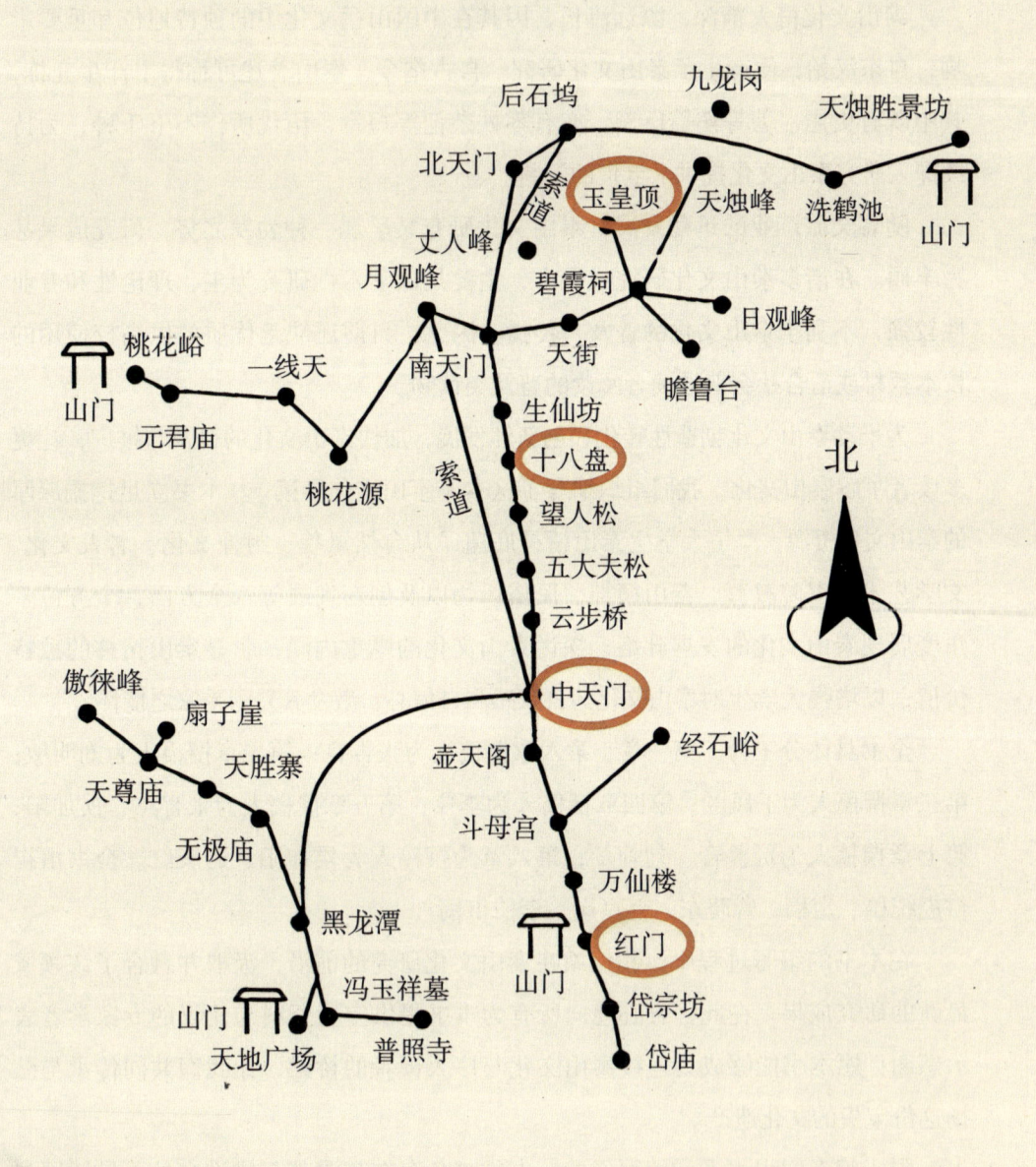

后石坞　　九龙岗　　天烛胜景坊

北天门　　索道　玉皇顶　天烛峰　洗鹤池　山门

丈人峰
月观峰　　碧霞祠

桃花峪　　　　　　　天街　日观峰
山门　元君庙　一线天　南天门　生仙坊　瞻鲁台
　　　　桃花源　　　十八盘
　　　　　　索道　望人松
　　　　　　　　　五大夫松
　　　　　　　　　云步桥

　　　　　　　　　　　　　　　　　北

傲徕峰
　　扇子崖
　　　天胜寨　　　中天门　经石峪
天尊庙　　　　　壶天阁
　　无极庙　　　斗母宫
　　　　　　　　万仙楼
　　　黑龙潭　　红门
山门　冯玉祥墓　山门
　天地广场　普照寺　岱宗坊
　　　　　　　　岱庙